涵芬楼
宋刊本
资治通鉴
简化字点校本

晋纪七 起昭阳大渊献，尽阏逢困敦，凡二年。

孝惠皇帝中之下

太安二年（癸亥，公元三〇三年）

春，正月，李特潜渡江击罗尚，水上军皆散走。蜀郡太守徐俭以少城降，特入据之，惟取马以供军，馀无侵掠，赦其境内，改元建初。罗尚保太城，遣使求和于特。蜀民相聚为坞者，皆送款于特，特遣使就抚之；以军中粮少，乃分六郡流民于诸坞就食。李流言于特曰：「诸坞新附，人心未固，宜质其大姓子弟，聚兵自守，以备不虞。」又与特司马上官惇书曰：「纳降如受敌，不可易也。」前将军雄亦以为言。特怒曰：「大事已定，但当安民，何为更逆加疑忌，使之离叛乎！」

朝廷遣荆州刺史宗岱、建平太守孙阜帅水军三万以救罗尚。岱以阜为前锋，进逼德阳。特遣李荡及蜀郡太守李璜就德阳太守任臧共拒之。岱、阜军势甚盛，诸坞皆有贰志。益州兵曹从事蜀郡任睿言于罗尚曰：「李特散众就食，骄怠无备，此天亡之时也。宜密约诸坞，刻期同发，内外击之，破之必矣！」尚使睿夜缒出城，宣旨于诸坞，期以二月十日同击特。睿因诣特诈降。特问城中虚实，睿曰：「粮储将尽，但馀货帛耳。」睿求出省家，特许之，遂还报尚。二月，尚遣兵掩袭特营，诸坞皆应之，特兵大败，斩特及李辅、李远，皆焚尸，传首洛阳。流民大惧，李流、李荡、李雄收馀众还保赤祖。流自称大将军、大都督、益州牧，保东营，荡、雄保北营。孙阜破德阳，获蹇硕，任臧退屯涪陵。

三月，罗尚遣督护何冲、常深等攻李流，涪陵民药绅等亦起兵攻流。流与李骧拒深，使李荡、李雄拒绅。何冲乘虚攻北营，氐苻成、隗伯在营中，叛应之。荡母罗氏擐甲拒战，伯手刃伤其目，罗氏气益壮；营垂破，会流等破深、绅，引兵还，与冲等战，大破之。成、伯帅其党突出诣尚。流等乘胜进抵成都，尚复闭城自守。荡驰马逐北，中矛而死。

朝廷遣侍中燕国刘沈假节统罗尚、许雄等军，讨李流。行至长安，河间王颙留沈为军师，遣席薳代之。

李流以李特、李荡继死，宗岱、孙阜将至，甚惧。李含劝流降，流从之；李骧、李雄迭谏，不纳。夏，五月，流遣其子世及含子胡为质于阜军；胡兄离为梓潼太守，闻之，自郡驰还，欲谏不及。退，与雄谋袭阜军，雄曰：「为今计，当如是；而二翁不从，奈何？」离曰：「当劫之耳！」雄大喜，乃共说流民曰：「吾属前已残暴蜀民，今

一旦束手，便为鱼肉。惟有同心袭卓，以取富贵耳！」众皆从之。雄遂与离袭击卓军，大破之。会宗岱卒于垫江，荆州军遂退。流甚惭，由是奇雄才，军事悉以任之。

新野庄王歆，为政严急，失蛮夷心，义阳蛮张昌聚党数千人，欲为乱。荆州以壬午诏书发武勇赴益州讨李流，号「壬午兵」。民惮远征，皆不欲行。诏书督遣严急，所经之界停留五日者，二千石免官。由是郡县官长皆亲出驱逐；展转不远，辄复屯聚为群盗。时江夏大稔，民就食者数千口。张昌因之诳惑百姓，更姓名曰李辰，募众于安陆石岩山，诸流民及避戍役者多往从之。太守弓钦遣兵讨之，不胜。昌遂攻郡，钦兵败，与部将朱伺奔武昌，歆遣骑督靳满讨之，满复败走。

昌遂据江夏，造妖言云：「当有圣人出为民主。」得山都县吏丘沈，更其姓名曰刘尼，诈云汉后，奉以为天子，曰：「此圣人也。」昌自为相国，诈作凤皇、玉玺之瑞，建元神凤；郊祀、服色，悉依汉故事。有不应募者，族诛之，士民莫敢不从。又流言：「江、淮已南皆反，官军大起，当悉诛之。」互相扇动，人情惶惧。江、沔间所在起兵以应昌，旬月间众至三万，皆著绛帽，以马尾作髯。诏遣监军华宏讨之，败于障山。

歆上言：「妖贼犬羊万计，绛头毛面，挑刀走戟，其锋不可当。请台敕诸军三道救助。」朝廷以屯骑校尉刘乔为豫州刺史，宁朔将军沛国刘弘为荆州刺史。又诏河间王颙遣雍州刺史刘沈将州兵万人，并征西府五千人出蓝田关以讨昌。颙不奉诏；沈自领州兵至蓝田，颙又逼夺其众。于是刘乔屯汝南，刘弘及前将军赵骧、平南将军羊伊屯宛。昌遣其将黄林帅二万人向豫州，刘乔击却之。

初，歆与齐王冏善，冏败，歆惧，自结于大将军颖。及张昌作乱，歆表请讨之。时长沙王乂已与颖有隙，疑歆与颖连谋，不听歆出兵，昌众日盛。从事中郎孙洵谓歆曰：「公为岳牧，受阃外之托，拜表辄行，有何不可！而使奸凶滋蔓，祸衅不测，岂藩翰王室、镇静方夏之义乎！」歆将出兵，王绥曰：「昌等小贼，偏裨自足制之，何必违诏命，亲矢石也！」昌至樊城，歆乃出拒之。众溃，为昌所杀。诏以刘弘代歆为镇南将军、都督荆州诸军事。六月，弘以南蛮长史庐江陶侃为大都护，参军蒯恒为义军督护，牙门将皮初为都战帅，进据襄阳。张昌并军围宛，败赵骧军，杀羊伊。刘弘退屯梁。昌进攻襄阳，不克。

李雄攻杀汶山太守陈图，遂取郫城。

秋，七月，李流徙屯郫。蜀民皆保险结坞，或南入宁州，或东下荆州。城邑皆空，野无烟火，流虏掠无所得，士众饥乏。唯涪陵千余家，依青城山处士范长生；平西参军涪陵徐舆说罗尚，求为汶山太守，邀结长生，与共讨流。尚不许，舆怒，出降于流，流

以舆为安西将军。舆说长生，使资给流军粮，长生从之。流军由是复振。

初，李含以长沙王乂微弱，必为齐王冏所杀，因欲以为冏罪而讨之，遂废帝，立大将军颖，以河间王颙为宰相，己得用事。既而冏为乂所杀，颖、颙犹守藩，不如所谋。颖恃功骄奢，百度弛废，甚于冏时；犹嫌乂在内，不得逞其欲，欲去之。时皇甫商复为乂参军，商兄重为秦州刺史。含说颙曰：「商为乂所任，重终不为人用，宜早除之。可表迁重为内职，因其过长安执之。」重知之，露檄上尚书，发陇上兵以讨含。乂以兵方少息，遣使诏重罢兵，征含为河南尹。含就征而重不奉诏，颙遣金城太守游楷、陇西太守韩稚等合四郡兵攻之。颙密使含与侍中冯荪、中书令卞粹谋杀乂；皇甫商以告乂，收含、荪、粹，杀之。骠骑从事琅邪诸葛玫、前司徒长史武邑牵秀皆出奔邺。

张昌党石冰寇扬州，败刺史陈徽，诸郡尽没；又攻破江州，别将陈贞等攻武陵、零陵、豫章、武昌、长沙，皆陷之，临淮人封云起兵寇徐州以应冰。于是荆、江、扬、豫、徐五州之境，多为昌所据。昌更置牧守，皆桀盗小人，专以劫掠为务。

刘弘遣陶侃等攻昌于竟陵，刘乔遣其将李杨等向江夏。侃等屡与昌战，大破之，前后斩首数万级，昌逃于下俊山，其众悉降。

初，陶侃少孤贫，为郡督邮。长沙太守万嗣过庐江，见而异之，命其子结友而去。后察孝廉，至洛阳，豫章国郎中令杨晫荐之于顾荣，侃由是知名。既克张昌，刘弘谓侃曰：「吾昔为羊公参军，谓吾后当居身处，今观卿，必继老夫矣。」

弘之退屯于梁也，征南将军范阳王虓遣前长水校尉张奕领荆州。弘至，奕不受代，举兵拒弘。弘讨奕，斩之。时荆部守宰多缺，弘请补选，诏许之。弘叙功铨德，随才授任，人皆服其公当。弘表皮初补襄阳太守，朝廷以初虽有功而望浅，更以弘婿前东平太守夏侯陟为襄阳太守。弘下教曰：「夫治一国者，宜以一国为心，必若亲姻然后可用，则荆州十郡，安得十女婿然后为政哉！」乃表：「陟姻亲，旧制不得相监；皮初之勋，宜见酬报。」诏听之。弘于是劝课农桑，宽刑省赋，公私给足，百姓爱悦。

河间王颙闻李含等死，即起兵讨长沙王乂。大将军颖上表请讨张昌，许之；闻昌已平，因欲与颙共攻乂。卢志谏曰：「公前有大功而委权辞宠，时望美矣。今宜顿军关外，文服入朝，此霸主之事也。」参军魏郡邵续曰：「人之有兄弟，如左右手。明公欲当天下之敌而先去其一手，可乎！」颖皆不从。八月，颙、颖共表：「乂论功不平，与右仆射羊玄之、左将军皇甫商专擅朝政，杀害忠良，请诛玄之、商，遣乂还国。」诏曰：「颙敢举大兵，内向京辇，吾当亲帅六军以诛奸逆。」其以乂为太尉，都督中外诸军事以御之。」

資治通鑑

卷第八十五

三

颙以张方为都督，将精兵七万，自函谷东趋洛阳。颖引兵屯朝歌，以平原内史陆机为前将军、前锋都督，督北中郎将王粹、冠军将军牵秀、中护军石超等军二十馀万，南向洛阳。机以羁旅事颖，一旦顿居诸将之右，王粹等心皆不服。白沙督孙惠与机亲厚，劝机让都督于粹。机曰：「彼将谓吾首鼠两端，适所以速祸也。」遂行。颖列军自朝歌至河桥，鼓声闻数百里。

乙丑，帝如十三里桥。太尉乂使皇甫商将万馀人拒张方于宜阳。己巳，帝还军宣武场，庚午，舍于石楼。九月，丁丑，屯于河桥。壬子，张方袭皇甫商，败之。甲申，帝军于芒山。丁亥，帝幸偃师；辛卯，舍于豆田。大将军颖进屯河南，阻清水为垒。癸巳，羊玄之忧惧而卒，帝旋军城东；丙申，幸缑氏，击牵秀，走之。大赦。张方入京城，大掠，死者万计。

李流疾笃，谓诸将曰：「骁骑仁明，固足以济大事；然前军英武，殆天所相，可共受事于前军。」流卒，众推李雄为大都督、大将军、益州牧，治郫城。雄使武都朴泰绐罗尚，使袭郫城，云已为内应。尚使隗伯将兵攻郫，泰约举火为应，李骧伏兵于道，泰出长梯于外。隗伯兵见火起，争缘梯上，骧纵兵击，大破之。追奔夜至城下，诈称万岁，曰：「已得郫城矣！」入少城，尚乃觉之，退保太城。隗伯创甚，雄生获之，赦不杀。李骧攻犍为，断尚运道。获太守龚恢，杀之。

石超进逼缑氏。冬，十月，壬寅，帝还宫。丁未，败牵秀于东阳门外。大将军颖遣将军马咸助陆机。戊申，太尉乂奉帝与机战于建春门。乂司马王瑚使数千骑系戟于马，以突咸陈，咸军乱，执而斩之。机军大败，赴七里涧，死者如积，水为之不流。斩其大将贾崇等十六人，石超遁去。

初，宦人孟玖有宠于大将军颖，玖欲用其父为邯郸令，左长史卢志等皆不敢违，右司马陆云固执不许，曰：「此县，公府掾资，岂有黄门父居之邪！」玖深怨之。玖弟超，领万人为小督，未战，纵兵大掠，陆机录其主者；超将铁骑百馀人直入机麾下，夺之，顾谓机曰：「貉奴，能作督不！」机司马吴郡孙拯劝机杀之，机不能用。超宣言于众曰：「陆机将反。」又还书与玖，言机持两端，故军不速决。及战，超不受机节度，轻兵独进，败没。玖疑机杀之，谮之于颖曰：「机有二心于长沙。」牵秀素谄事玖，将军王阐、郝昌、帐下督阳平公师藩皆玖所引用，相与共证之。颖大怒，使秀将兵收机。参军事王彰谏曰：「今日之举，强弱异势，庸人犹知必克，况机之明达乎！但机吴人，殿下用之太过，北土旧将皆疾之耳。」颖不从。机闻秀至，释戎服，著白帢，与秀相见，为笺辞颖，既而叹曰：「华亭鹤唳，可复闻乎！」秀遂杀之。颖又收机弟清河内史云、

平东祭酒耽及孙拯，皆下狱。

记室江统、陈留蔡克、颍川枣嵩等上疏，以为："陆机浅谋致败，杀之可也。至于反逆，则众共知其不然。宜先检校机反状，若有征验，诛云等未晚也。"统等恳请不已，颖迟回者三日。蔡克入，至颖前，叩头流血，曰："云为孟玖所怨，远近莫不闻。今果见杀，窃为明公惜之！"僚属随克入者数十人，流涕固请，颖恻然，有宥云之色。孟玖扶颖入，催令杀云、耽，夷机三族。狱吏考掠孙拯数百，两踝骨见，终言机冤。吏知拯义烈，谓拯曰："二陆之枉，谁不知之，君可不爱身乎！"拯仰天叹曰："陆君兄弟，世之奇士，吾蒙知爱，今既不能救其死，忍复从而诬之乎！"玖等知拯不可屈，乃令狱吏诈为拯辞。颖既杀机，意常悔之，及见拯辞，大喜，谓玖等曰："非卿之忠，不能穷此奸。"遂夷拯三族。拯门人费慈、宰意二人诣狱明拯冤，拯譬遣之曰："吾义不负二陆，死自吾分；卿何为尔邪！"曰："君既不负二陆，仆又安可负君！"固言拯冤，玖又杀之。

太尉乂奉帝攻张方，方兵望见乘舆，皆退走，方遂大败，死者五千馀人。方退屯十三里桥，众惧，欲夜遁，方曰："胜负兵家之常，善用兵者能因败为成。今我更前作垒，出其不意，此奇策也。"乃夜潜进，逼洛城七里，筑垒数重，外引廪谷以足军食。

乂既战胜，以为方不足忧。闻方垒成，十一月，引兵攻之，不利。朝议以乂、颖兄弟，可辞说而释，乃使中书令王衍等往说颖，令与乂分陕而居，颖不从。乂因致书于颖，为陈利害，欲与之和解。颖复书："请斩皇甫商等首，则引兵还邺。"乂不可。颖进兵逼京师，张方决千金堨，水碓皆涸。乃发王公奴婢手舂给兵，一品已下不从征者，男子十三以上皆从役，又发奴助兵；公私穷踧，米石万钱。诏命所行，一城而已。骠骑主簿范阳祖逖言于乂曰："刘沈忠义果毅，雍州兵力足制河间，宜启上为诏与沈，使发兵袭颙。颙窘急，必召张方以自救，此良策也。"乂从之。沈奉诏驰檄四境，诸郡多起兵应之。沈合七郡之众凡万馀人，趣长安。

乂又使皇甫商间行，赍帝手诏，命游楷等罢兵，敕皇甫重进军讨颙。商间行至新平，遇其从甥，从甥素憎商，以告颙，颙捕商，杀之。

十二月，议郎周玘、前南平内史长沙王矩起兵江东以讨石冰，推前吴兴太守吴郡顾秘都督扬州九郡诸军事，传檄州郡，杀冰所署将吏。于是前侍御史贺循起兵于会稽，庐江内史广陵华谭及丹阳葛洪、甘卓皆起兵以应秘。玘，处之子；循，邵之子；卓，宁之曾孙也。

冰遣其将羌毒帅兵数万拒玘，玘击斩之。冰自临淮退趋寿春。征东将军刘准闻冰

至，惶惧不知所为。广陵度支庐江陈敏统众在寿春，谓准曰：『此等本不乐远戍，逼迫成贼，乌合之众，其势易离，敏请督运兵为公破之。』准乃益敏兵，使击之。

闰月，李雄急攻罗尚。尚军无食，留牙门张罗守城。夜，由牛鞞水东走，罗开门降。雄入成都，军士饥甚，乃帅众就谷于郪，掘野芋而食之。许雄坐讨贼不进，征即罪。

安北将军、都督幽州诸军事王浚，以天下方乱，欲结援夷狄，乃以一女妻鲜卑段务勿尘，一女妻素怒延，又表以辽西郡封务勿尘为辽西公。浚，沈之子也。

毛诜之死也，李睿奔五苓夷帅于陵丞，于陵丞诣李毅为睿请命，毅许之。睿至，毅杀之。于陵丞怒，帅诸夷反攻毅。

尚书令乐广女为成都王妃，或谮诸太尉乂；乂以问广，广神色不动，徐曰：『广岂以五男易一女哉！』乂犹疑之。

永兴元年（甲子，公元三〇四年）

春，正月，丙午，乐广以忧卒。

长沙厉王乂屡与大将军颖战，破之，前后斩获六、七万人。而乂未尝亏奉上之礼；城中粮食日窘，而士卒无离心。张方以为洛阳未可克，欲还长安。而东海王越虑事不济，癸亥，潜与殿中诸将夜收乂送别省。甲子，越启帝，下诏免乂官，置金墉城。大赦，改元。城既开，殿中将士见外兵不盛，悔之，更谋劫出乂以拒颖。越惧，欲杀乂以绝众心。黄门侍郎潘滔曰：『不可，将自有静之者。』乃遣密告张方。丙寅，方取乂于金墉城，至营，炙而杀之，方军士亦为之流涕。

公卿皆诣邺谢罪；大将军颖入京师，复还镇于邺。诏以颖为丞相，加东海王越守尚书令。颖遣奋武将军石超等帅兵五万屯十二城门，殿中宿所忌者，颖皆杀之；悉代去宿卫兵。表卢志为中书监，留邺，参署丞相府事。

河间王颙顿军于郑，为东军声援，闻刘沈兵起，还镇渭城，遣督护虞夔逆战于好畤。夔兵败，颙惧，退入长安，急召张方。方掠洛中官私奴婢万馀人而西。军中乏食，杀人杂牛马肉食之。

刘沈渡渭而军，与颙战，颙屡败。沈使安定太守衙博、功曹皇甫澹以精甲五千袭长安，入其门，力战至颙帐下。沈兵来迟，冯翊太守张辅见其无继，引兵横击之，杀博及澹，沈兵遂败，收馀卒而退。张方遣其将敦伟夜击之，沈军惊溃，沈与麾下南走，追获之。沈谓颙曰：『知己之惠轻，君臣之义重，沈不可以违天子之诏，量强弱以苟全。投袂之日，期之必死，菹醢之戮，其甘如荠。』颙怒，鞭之而后腰斩。新平太守江夏张光

陈昣、上官巳等奉太子覃守洛阳。司空越奔下邳，徐州都督东平王楙不纳，越径还东海。太弟颖以越兄弟宗室之望，下令招之，越不应命。前奋威将军孙惠上书劝越要结藩方，同奖王室。越以惠为记室参军，与参谋议。北军中候苟晞奔范阳王虓，虓承制以晞行兖州刺史。

初，三王之起兵讨赵王伦也，王浚拥众挟两端，禁所部士民不得赴三王召募。太弟颖欲讨之而未能，浚心亦欲图颖。颖以右司马和演为幽州刺史，密使杀浚。演与乌桓单于审登谋与浚游蓟城南清泉，因而图之。会天暴雨，兵器沾湿，不果而还。审登以为浚得天助，乃以演谋告浚。浚与审登密严兵，约并州刺史东嬴公腾共围演，杀之，自领幽州营兵。腾，越之弟也。太弟颖称诏征浚，浚与鲜卑段务勿尘、乌桓羯朱及东嬴公腾同起兵讨颖，颖遣北中郎将王斌及石超击之。

太弟颖怨东安王繇前议，八月，戊辰，收繇，杀之。初，繇兄琅邪恭王觐薨，子睿嗣。睿沈敏有度量，为左将军，与东海参军王导善。导，敦之从父弟也；识量清远，以朝廷多故，每劝睿之国。及繇死，睿从帝在邺，恐及祸，将逃归。颖先敕诸关津，无得出贵人；睿至河阳，为津吏所止。从者宋典自后来，以鞭拂睿而笑曰：「舍长，官禁贵人，汝亦被拘邪？」吏乃听过。至洛阳，迎太妃夏侯氏俱归国。

丞相从事中郎王澄发孟玖奸利事，劝太弟颖诛之，颖从之。

上官巳在洛阳，残暴纵横。守河南尹周馥，浚之从父弟也，与司隶满奋等谋诛之。事泄，奋等死，馥走，得免。司空越之讨太弟颖也，太宰颙遣右将军、冯翊太守张方将兵二万救之，闻帝已入邺，因命方镇洛阳。巳与别将苗愿拒之，大败而还。太子覃夜袭巳、愿，巳、愿出走；方入洛阳。覃于广阳门迎方而拜，方下车扶止之。复废覃及羊后。

初，太弟颖表匈奴左贤王刘渊为冠军将军，监五部军事，使将兵在邺。渊子聪，骁勇绝人，博涉经史，善属文，弯弓三百斤；弱冠游京师，名士莫不与交。颖以聪为积弩将军。

渊从祖右贤王宣谓其族人曰：「自汉亡以来，我单于徒有虚号，无复尺土；自馀王侯，降同编户。今吾众虽衰，犹不减二万，奈何敛手受役，奄过百年！左贤王英武超世，天苟不欲兴匈奴，必不虚生此人也。今司马氏骨肉相残，四海鼎沸，复呼韩邪之业，此其时矣！」乃相与谋，推渊为大单于，使其党呼延攸诣邺告之。

渊白颖，请归会葬，颖弗许。渊令攸先归，告宣等使招集五部及杂胡，声言助颖，实欲叛之。及王浚、东嬴公腾起兵，渊说颖曰：「今二镇跋扈，众十馀万，恐非宿卫及近，非士众所能御也。请为殿下还说五部，以赴国难。」颖曰：「五部之众，果可发否？就能发之，鲜卑、乌桓，未易当也。吾欲奉乘舆还洛阳以避其锋，徐传檄天下，以逆顺制之，君意何如？」渊曰：「殿下武皇帝之子，有大勋于王室，威恩远著，四海之内，孰不愿为殿下尽死力者！何难发之有！王浚竖子，东嬴疏属，岂能与殿下争衡邪！殿下一发邺宫，示弱于人，洛阳可得而至乎？虽至洛阳，威权不复在殿下也。愿殿下抚勉士众，靖以镇之，渊请为殿下以二部摧东嬴，三部枭王浚，二竖之首，可指日而悬也。」颖悦，拜渊为北单于、参丞相军事。

渊至左国城，刘宣等上大单于之号，二旬之间，有众五万，都于离石，以聪为鹿蠡王。遣左於陆王宏帅精骑五千，会颖将王粹拒东嬴公腾。粹已为腾所败，宏无及而归。

王浚、东嬴公腾合兵击王斌，大破之。浚以主簿祁弘为前锋，败石超于平棘，乘胜进军。候骑至邺，邺中大震，百僚奔走，士卒分散。卢志劝颖奉帝还洛阳。时甲士尚有万五千人，志夜部分，至晓将发，而程太妃恋邺不欲去，颖狐疑未决。俄而众溃，颖遂将帐下数十骑与志奉帝御犊车南奔洛阳。仓猝上下无赍，中黄门被囊中赍私钱三千，诏贷之，于道中买饭，夜则御中黄门布被，食以瓦盆。至温，将谒陵，帝丧履，纳从者之履，下拜流涕。及济河，张方自洛阳遣其子罴帅骑三千，以所乘车奉迎帝。至芒山下，方自帅万余骑迎帝。方将拜谒，帝下车自止之。帝还宫，奔散者稍还，百官粗备。辛巳，大赦。

王浚入邺，士众暴掠，死者甚众。使乌桓羯朱追颖，至朝歌，不及。浚还蓟，以鲜卑多掠人妇女，命：「有敢挟藏者斩！」于是沉于易水者八千人。

东嬴公腾乞师于拓跋猗㐌以击刘渊，猗㐌与猗卢合兵击渊于西河，破之，与腾盟于汾东而还。

刘渊闻颖去邺，叹曰：「不用吾言，逆自奔溃，真奴才也！然吾与之有言矣，不可以不救。」将发兵击鲜卑、乌桓。刘宣等谏曰：「晋人奴隶御我，今其骨肉相残，是天弃彼而使我复呼韩邪之业也。鲜卑、乌桓，我之气类，可以为援，奈何击之！」渊曰：「善！大丈夫当为汉高、魏武，呼韩邪何足效哉！」宣等稽首曰：「非所及也！」

荆州兵擒斩张昌，同党皆夷三族。

李雄以范长生有名德，为蜀人所重，欲迎以为君而臣之，长生不可。诸将固请雄即尊位。冬，十月，雄即成都王位，大赦，改元曰建兴。除晋法，约法七章。以其叔父骧为太傅，兄始为太保，李离为太尉，李云为司徒，李璜为司空，李国为太宰，阎式为尚书令，杨褒为仆射。尊母罗氏为王太后，追尊父特为成都景王。以李国、李离有智谋，凡事必咨而后行，然国、离事雄弥谨。

刘渊迁都左国城，胡、晋归之者愈众。渊谓群臣曰：『昔汉有天下久长，恩结于民。吾，汉氏之甥，约为兄弟。兄亡弟绍，不亦可乎！』乃建国号曰汉。刘宣等请上尊号，渊曰：『今四方未定，且可依高祖称汉王。』于是即汉王位，大赦，改元曰元熙。追尊安乐公禅为孝怀皇帝，作汉三祖、五宗神主而祭之。立其妻呼延氏为王后。以右贤王宣为丞相，崔游为御史大夫，左於陆王宏为太尉，范隆为大鸿胪，朱纪为太常，上党崔懿之、后部人陈元达皆为黄门郎，族子曜为建武将军；游固辞不就。

元达少有志操，渊尝招之，元达不答。及渊为汉王，或谓元达曰：『君其惧乎？』元达笑曰：『吾知其人久矣，彼亦亮吾之心；但恐不过三、二日，驿书必至。』其暮，渊果征元达。元达事渊，屡进忠言，退而削草，虽子弟莫得知也。

曜生而眉白，目有赤光，幼聪慧，有胆量，早孤，养于渊。及长，仪观魁伟，性拓落高亮，与众不群。好读书，善属文，铁厚一寸，射而洞之。常自比乐毅及萧、曹，时人莫之许也；惟刘聪重之，曰：『永明，汉世祖、魏武之流，数公何足道哉！』

帝既还洛阳，张方拥兵专制朝政，太弟颖不得复豫事。豫州都督范阳王虓、徐州都督东平王楙等上言：『颖弗克负荷，宜降封一邑，特全其命。太宰宜委以关右之任，自

州郡以下，选举授任，一皆仰成；朝之大事，废兴损益，每辄畴咨。张方为国效节，而不达变通，未即西还，宜遣还郡，所加方官，请悉如旧。司徒戎、司空越，并忠国小心，宜干机事，委以朝政。王浚有定社稷之勋，宜特崇重，遂抚幽朔，长为北藩。臣等竭力扞城，藩屏皇家，则陛下垂拱，四海自正矣。』

张方在洛既久，兵士剽掠殆竭，众情喧喧，无复留意，议欲奉帝迁都长安；恐帝及公卿不从，欲须帝出而劫之。乃请帝谒庙，帝不许。十一月，乙未，方引兵入殿，以所乘车迎帝，帝驰避后园竹中。军人引帝出，逼使上车，帝垂泣从之。方于马上稽首曰：『今寇贼纵横，宿卫单少，愿陛下幸臣垒，臣尽死力以备不虞。』时群臣皆逃匿，唯中书监卢志侍侧，曰：『陛下今日之事，当一从右将军。』帝遂幸方垒，令方具车载宫人、宝物。军人因妻略后宫，分争府藏，割流苏、武帐为马帴，魏、晋以来蓄积，扫地无遗。方将焚宗庙、宫室以绝人返顾之心，卢志曰：『昔董卓无道，焚烧洛阳，怨毒之声，百年犹存，何为袭之！』乃止。

帝停方垒三日，方拥帝及太弟颖、豫章王炽等趋长安，王戎出奔郏。太宰颙帅官属步骑三万迎于霸上，颙前拜谒，帝下车止之。帝入长安，以征西府为官。唯尚书仆射荀藩、司隶刘暾、河南尹周馥等在洛阳为留台，承制行事，号东、西台。藩，勖之子也。

丙午，留台大赦，改元复为永安。辛丑，复皇后羊氏。

罗尚移屯巴郡，遣兵掠蜀中，获李骧妻昝氏及子寿。

十二月，丁亥，诏太弟颖以成都王还第；更立豫章王炽为皇太弟。帝兄弟二十五人，时存者惟颖、炽及吴王晏。晏材资庸下；炽冲素好学，故太宰颙立之。诏以司空越为太傅，与颙夹辅帝室，王戎参录朝政。又以光禄大夫王衍为尚书左仆射。高密王略为镇南将军，领司隶校尉，权镇洛阳。东中郎将模为宁北将军，都督冀州诸军事，镇邺。百官各还本职。令州郡蠲除苛政，爱民务本，清通之后，当还东京。大赦，改元。略、模，皆越之弟也。王浚既去邺，越使模镇之。颙以四方乖离，祸难不已，故下此诏和解之，冀获少安。越辞太傅不受。又诏以太宰颙都督中外诸军事。张方为中领军、录尚书事，领京兆太守。

东嬴公腾遣将军聂玄击汉王渊，战于大陵，玄兵大败。

渊遣刘曜寇太原，取泫氏、屯留、长子、中都。又遣冠军将军乔晞寇西河，取介休。介休令贾浑不降，晞杀之；将纳其妻宗氏，宗氏骂晞而哭，晞又杀之。渊闻之，大怒曰：「使天道有知，乔晞望有种乎！」追还，降秩四等，收浑尸，葬之。

资治通鉴卷第八十六

晋纪八 起旃蒙赤奋若，尽著雍执徐，凡四年。

孝惠皇帝下

永兴二年（乙丑，公元三〇五年）

夏，四月，张方废羊后。

游楷等攻皇甫重，累年不能克，重遣其养子昌求救于外。昌诣司空越，越以太宰颙新与山东连和，不肯出兵。昌乃与故殿中人杨篇诈称越命，迎羊后于金墉城。入宫，以后令发兵讨张方，奉迎大驾。事起仓猝，百官初皆从之；俄知其诈，相与诛昌。颙请遣御史宣诏喻重令降，重不奉诏。先是城中不知长沙厉王及皇甫商已死，重获御史驺人，问曰：「我弟将兵来，欲至未？」驺人曰：「已为河间王所害。」重失色，立杀驺人。于是城中知无外救，共杀重以降。颙以冯翊太守张辅为秦州刺史。

六月，甲子，安丰元侯王戎薨于郏。

张辅至秦州，杀天水太守封尚，欲以立威；又召陇西太守韩稚，稚子朴勒兵击辅。辅军败，死。凉州司马杨胤言于张轨曰：「韩稚擅杀刺史，明公杖钺一方，不可不讨。」轨从之，遣中督护汜瑗帅众二万讨稚，稚诣轨降。未几，鲜卑若罗拔能寇凉州，轨遣司马宋配击之，斩拔能，俘十馀万口，威名大振。

汉王渊攻东嬴公腾，腾复乞师于拓跋猗㐌，卫操劝猗㐌助之。猗㐌帅轻骑数千救腾，斩汉将綦毋豚。诏假猗㐌大单于，加操右将军。甲申，猗㐌卒，子普根代立。

东海中尉刘洽以张方劫迁车驾，劝司空越起兵讨之。秋，七月，越传檄山东征、镇、州、郡云：「欲纠帅义旅，奉迎天子，还复旧都。」东平王楙闻之，惧；长史王修说楙曰：「东海，宗室重望；今兴义兵，公宜举徐州以授之，则免于难，且有克让之美矣。」楙从之。越乃以司空领徐州都督，楙自为兖州刺史；诏即遣使者刘虔授之。是时，越兄弟并据方任，于是范阳王虓及王浚等共推越为盟主，越辄选置刺史以下，朝士多赴之。

成都王颖既废，河北人多怜之。颖故将公师藩等自称将军，起兵于赵、魏，众至数万。

初，上党武乡羯人石勒，有胆力，善骑射。并州大饥，建威将军阎粹说东嬴公腾执诸胡于山东，卖充军实。勒亦被掠，卖为茌平人师懽奴，懽奇其状貌而免之。懽家邻于马牧，勒乃与牧帅汲桑结壮士为群盗。及公师藩起，桑与勒帅数百骑赴之。桑始命勒以石为姓，勒为名。藩攻陷郡县，杀二千石、长史，转前，攻邺。平昌公模甚惧；范阳王虓遣其将苟晞救邺，与广平太守谯国丁绍共击藩，走之。

八月，辛丑，大赦。

司空越以琅邪王睿为平东将军，监徐州诸军事，留守下邳。睿请王导为司马，委以军事。越帅甲士三万，西屯萧县，范阳王虓自许屯于荥阳。越承制以豫州刺史刘乔为冀州刺史，以范阳王虓领豫州刺史；乔以虓非天子命，发兵拒之。虓以刘琨为司马，越以刘蕃为淮北护军，刘舆为颍川太守。乔上尚书，列舆兄弟罪恶，因引兵攻许，遣其长子祐将兵拒越于萧县之灵壁，越兵不能进。东平王楙在兖州，征求不已，郡县不堪命。范阳王虓遣苟晞还兖州，徙楙都督青州。楙不受命，背山东诸侯，与刘乔合。

太宰颙闻山东兵起，甚惧。以公师藩为成都王颖起兵，壬午，表颖为镇军大将军、都督河北诸军事，给兵千人；以卢志为魏郡太守，随颖镇邺，欲以抚安之；又遣建武将军吕朗屯洛阳。

颙发诏，令东海王越等各就国，越等不从。会得刘乔上事，冬，十月，丙子，下诏称：『刘舆迫胁范阳王虓，造构凶逆。其令镇南大将军刘弘、平南将军彭城王释、征东大将军刘准，各勒所统，与刘乔并力；以张方为大都督，统精卒十万，与吕朗共会许昌，诛舆兄弟。』释，宣帝弟子穆王权之孙也。丁丑，颙使成都王颖领将军楼褒等，前车骑将军石超领北中郎将王阐等，据河桥，为刘乔继援。进乔镇东将军，假节。

刘弘遗乔及司空越书，欲使之解怨释兵，同奖王室，皆不听。弘又上表曰：『自顷兵戈纷乱，猜祸锋生，疑隙构于群王，灾难延于宗子。今日为忠，明旦为逆，翩其反而，互为戎首。载籍以来，骨肉之祸未有如今者也，臣窃悲之！今边陲无备豫之储，中华有杼轴之困，而股肱之臣，不惟国体，职竞寻常，自相楚剥。万一四夷乘虚为变，此亦猛虎交斗自效于卞庄者矣。臣以为宜速发明诏诏越等，令两释猜嫌，各保分局。自今以后，其有不被诏书，擅兴兵马者，天下共伐之。』时太宰颙方拒关东，倚乔为助，不纳其言。

乔乘虚袭许，破之。刘琨将兵救许，不及，遂与兄舆及范阳王虓俱奔河北；琨父母为乔所执。刘弘以张方残暴，知颙必败，乃遣参军刘盘为督护，帅诸军受司空越节度。

时天下大乱，弘专督江、汉，威行南服。谋事有成者，则曰『某人之功』；如有负败，则曰『老子之罪』。每有兴发，手书守相，丁宁款密。所以人皆感悦，急赴之，咸曰：『得刘公一纸书，贤于十部从事。』前广汉太守辛冉说弘以从横之事，弘怒，斩之。

有星孛于北斗。

平昌公模遣将军宋胄趣河桥。

十一月，立节将军周权，诈被檄，自称平西将军，复立羊后。洛阳令何乔攻权，杀之，复废羊后。太宰颙矫诏，以羊后屡为奸人所立，遣尚书田淑敕留台赐后死。诏书屡至，司隶校尉刘暾等上奏，固执以为：『羊庶人门户残破，废放空宫，门禁峻密，无缘得与奸人构乱。

众无愚智，皆谓其冤。今杀一枯穷之人，而令天下伤惨，何益于治！』颙怒，遣吕朗收瞰。瞰奔青州，依高密王略。然羊后亦以是得免。

十二月，吕朗等东屯荥阳，成都王颖进据洛阳。

刘琨说冀州刺史太原温羡，使让位于范阳王虓。虓领冀州，遣琨诣幽州乞师于王浚；浚以突骑资之，击王阐于河上，杀之。琨遂与虓引兵济河，斩石超于荥阳。刘乔自考城引退。虓遣琨及督护田徽东击东平王楙于廪丘，楙走还国。琨、徽引兵东迎越，击刘祐于谯；祐败死，乔众遂溃，乔奔平氏。司空越进屯阳武，王浚遣其将祁弘帅突骑鲜卑、乌桓为越先驱。

初，陈敏既克石冰，自谓勇略无敌，有割据江东之志。其父怒曰：『灭我门者，必此儿也！』遂以忧卒。敏以丧去职。司空越起敏为右将军、前锋都督。越为刘祐所败，敏请东归收兵，遂据历阳叛。吴王常侍甘卓，弃官东归，至历阳，敏为子景娶卓女，使卓假称皇太弟令，拜敏扬州刺史。敏使弟恢及别将钱端等南略江州，弟斌东略诸郡，江州刺史应邈、扬州刺史刘机、丹杨太守王旷皆弃城走。

敏遂据有江东，以顾荣为右将军，贺循为丹杨内史，周玘为安丰太守，凡江东豪杰、名士，咸加收礼，为将军、郡守者四十馀人；或有老疾，就加秩命。循诈为狂疾，得免，乃以荣领丹杨内史。玘亦称疾，不之郡。敏疑诸名士终不为己用，欲尽诛之。荣说敏曰：『中国丧乱，胡夷内侮。观今日之势，不能复振，百姓将无遗种。江南虽经石冰之乱，人物尚全，荣常忧无孙、刘之主有以存之。今将军神武不世，勋效已著，带甲数万，舳舻山积，若能委信君子，使各得尽怀，散蒂芥之嫌，塞谗谄之口，则上方数州，可传檄而定；不然，终不济也。』敏乃止。敏命僚佐推己为都督江东诸军事、大司马、楚公，加九锡，列上尚书，称被中诏，自江入沔、汉，奉迎銮驾。

太宰颙以张光为顺阳太守，帅步骑五千诣荆州讨敏。刘弘遣江夏太守陶侃、武陵太守苗光屯夏口，又遣南平太守汝南应詹督水军以继之。侃与敏同郡，又同岁举吏。随郡内史扈怀言于弘曰：『侃居大郡，统强兵，脱有异志，则荆州无东门矣！』弘曰：『侃之忠能，吾得之已久，必无是也。』侃闻之，遣子洪及兄子臻诣弘以自固，弘引为参军，资而遣之。曰：『贤叔征行，君祖母年高，便可归也。匹夫之交，尚不负心，况大丈夫乎！』

敏以陈恢为荆州刺史，寇武昌；弘加侃前锋督护以御之。侃以运船为战舰，或以为不可。侃曰：『用官船击官贼，何为不可！』侃与恢战，屡破之；又与皮初、张光、苗光共破钱端于长岐。

南阳太守卫展说弘曰：『张光，太宰腹心，公既与东海，宜斩光以明向背。』弘曰：『宰

辅得失，岂张光之罪！危人自安，君子弗为也。』乃表光殊勋，乞加迁擢。

是岁，离石大饥，汉王渊徙屯黎亭，就邸阁谷；留太尉宏守离石，使大司农卜豫运粮以给之。

光熙元年（丙寅，公元三〇六年）

春，正月，戊子朔，日有食之。

初，太弟中庶子兰陵缪播有宠于司空越；播从弟右卫率胤，太宰颙前妃之弟也。越之起兵，遣播、胤诣长安说颙，令奉帝还洛，约与颙分陕为伯。颙素信重播兄弟，即欲从之。张方自以罪重，恐为诛首，谓颙曰：『今据形胜之地，国富兵强，奉天子以号令，谁敢不从，奈何拱手受制于人！』颙乃止。及刘乔败，颙惧，欲罢兵，与山东和解。恐张方不从，犹豫未决。

方素与长安富人郅辅亲善，以为帐下督。颙参军河间毕垣，尝为方所侮，因说颙曰：『张方久屯霸上，闻山东兵盛，盘桓不进，宜防其未萌。其亲信郅辅具知其谋。』缪播、缪胤复说颙：『宜急斩方以谢，山东可不劳而定。』颙使人召辅，垣迎说辅曰：『张方欲反，人谓卿知之。王若问卿，何辞以对？』辅惊曰：『实不闻方反，为之奈何？』垣曰：『王若问卿，但言尔尔；不然，必不免祸。』辅入，颙问之曰：『张方反，卿知之乎？』辅曰：『尔。』颙曰：『遣卿取之，可乎？』又曰：『尔。』颙于是使辅送书于方，因杀之。辅既昵于方，持刀而入，守阁者不疑。方火下发函，辅斩其头。还报，颙以辅为安定太守。送方头于司空越以请和；越不许。

宋胄袭河桥，楼裒西走。平昌公模遣前锋督护冯嵩会宋胄逼洛阳。成都王颖西奔长安，至华阴，闻颙已与山东和亲，留不敢进。吕朗屯荥阳，刘琨以张方首示之，遂降。甲子，司空越遣祁弘、宋胄、司马纂帅鲜卑西迎车驾，以周馥为司隶校尉、假节，都督诸军，屯渑池。

三月，惤令刘柏根反，众以万数，自称惤公。王弥帅家僮从之，柏根以弥为长史，弥从父弟桑为东中郎将。柏根寇临淄，青州都督高密王略使刘暾将兵拒之；暾兵败，奔洛阳，略走保聊城。王浚遣将讨柏根，斩之。王弥亡入长广山为群盗。

宁州频岁饥疫，死者以十万计。五苓夷强盛，州兵屡败。吏民流入交州者甚众，夷遂围州城。李毅疾病，救援路绝，乃上疏言：『不能式遏寇虐，坐待殄毙。若不垂矜恤，乞降大使，及臣尚存，加臣重辟；若臣已死，陈尸为戮。』朝廷不报，积数年，子钊自洛往省之，未至，毅卒。毅女秀，明达有父风，众推秀领宁州事。秀奖厉战士，婴城固守。城中粮尽，炙鼠拔草而食之。伺夷稍怠，辄出兵掩击，破之。

光熙元年（丙寅，公元三〇六年）

辅得失，岂张光之罪！危人自安，君子弗为也。』乃表光殊勋，乞加迁擢。

是岁，离石大饥，汉王渊徙屯黎亭，就邸阁谷；留太尉宏守离石，使大司农卜豫运粮以给之。

光熙元年（丙寅，公元三〇六年）

春，正月，戊子朔，日有食之。

初，太弟中庶子兰陵缪播有宠于司空越；播从弟右卫率胤，太宰颙前妃之弟也。越之起兵，遣播、胤诣长安说颙，令奉帝还洛，约与颙分陕为伯。颙素信重播兄弟，即欲从之。张方自以罪重，恐为诛首，谓颙曰：『今据形胜之地，国富兵强，奉天子以号令，谁敢不从，奈何拱手受制于人！』颙乃止。及刘乔败，颙惧，欲罢兵，与山东和解。恐张方不从，犹豫未决。

方素与长安富人郅辅亲善，以为帐下督。颙参军河间毕垣，尝为方所侮，因说颙曰：『张方久屯霸上，闻山东兵盛，盘桓不进，宜防其未萌。其亲信郅辅具知其谋。』缪播、缪胤复说颙：『宜急斩方以谢，山东可不劳而定。』颙使人召辅，垣迎说辅曰：『张方欲反，人谓卿知之。王若问卿，何辞以对？』辅惊曰：『实不闻方反，为之奈何？』垣曰：『王若问卿，但言尔尔；不然，必不免祸。』辅入，颙问之曰：『张方反，卿知之乎？』辅曰：『尔。』颙曰：『遣卿取之，可乎？』又曰：『尔。』颙于是使辅送书于方，因杀之。辅既昵于方，持刀而入，守阁者不疑。方火下发函，辅斩其头。还报，颙以辅为安定太守。送方头于司空越以请和；越不许。

宋胄袭河桥，楼褒西走。平昌公模遣前锋督护冯嵩会宋胄逼洛阳。成都王颖西奔长安，至华阴，闻颙已与山东和亲，留不敢进。吕朗屯荥阳，刘琨以张方首示之，遂降。甲子，司空越遣祁弘、宋胄、司马纂帅鲜卑西迎车驾，以周馥为司隶校尉、假节，都督诸军，屯渑池。

三月，惤令刘柏根反，众以万数，自称惤公。王弥帅家僮从之，柏根以弥为长史，弥从父弟桑为东中郎将。柏根寇临淄，青州都督高密王略使刘暾将兵拒之；暾兵败，奔洛阳，略走保聊城。王弥亡入长广山为群盗。

宁州频岁饥疫，死者以十万计。五苓夷强盛，州兵屡败。吏民流入交州者甚众，夷遂围州城。李毅疾病，救援路绝，乃上疏言：『不能式遏寇虐，坐待殄毙。若不垂矜恤，乞降大使，及臣尚存，加臣重辟；若臣已死，陈尸为戮。』朝廷不报，积数年，子钊自洛往省之，未至，毅卒。毅女秀，明达有父风，众推秀领宁州事。秀奖厉战士，婴城固守。城中粮尽，炙鼠拔草而食之。伺夷稍怠，辄出兵掩击，破之。

机辨画，越倾膝酬接，即以为左长史，军国之务，悉以委之。舆说越遣其弟琨镇并州，以为北面之重；越表琨为并州刺史，以东燕王腾为车骑将军、都督邺城诸军事，镇邺。

十一月，己巳，夜，帝食饼中毒，庚午，崩于显阳殿。羊后自以于太弟炽为嫂，恐不得为太后，将立清河王覃。侍中华混谏曰：『太弟在东宫已久，民望素定，今日宁可易乎！』即露版驰召太傅越，召太弟入宫。后已召覃至尚书阁，疑变，托疾而返。癸酉，太弟即皇帝位，大赦，尊皇后曰惠皇后，居弘训宫；追尊母王才人曰皇太后；立妃梁氏为皇后。

怀帝始遵旧制，于东堂听政。每至宴会，辄与群官论众务，考经籍。黄门侍郎傅宣叹曰：『今日复见武帝之世矣！』

十二月，壬午朔，日有食之。

太傅越以诏书征河间王颙为司徒，颙乃就征。南阳王模遣其将梁臣邀之于新安，车上扼杀之，并杀其三子。

辛丑，以中书监温羡为左光禄大夫，领司徒；尚书左仆射王衍为司空。

己酉，葬惠帝于太阳陵。

刘琨至上党，东燕王腾即自井陉东下。时并州饥馑，数为胡寇所掠，郡县莫能自保。州将田甄、甄弟兰、任祉、祁济、李恽、薄盛等及吏民万馀人，悉随腾就谷冀州，号为『乞活』，所馀之户不满二万，寇贼纵横，道路断塞。琨募兵上党，得五百人，转斗而前。至晋阳，府寺焚毁，邑野萧条，琨抚循劳徕，流民稍集。

孝怀皇帝上

永嘉元年（丁卯，公元三〇七年）

春，正月，癸丑，大赦，改元。

吏部郎周穆，太傅越之姑子也，与其妹夫御史中丞诸葛玫说越曰：『主上之为太弟，张方意也。清河王本太子，公宜立之。』越不许。重言之，越怒，斩之。

二月，王弥寇青、徐二州，自称征东大将军，攻杀二千石。太傅越以公车令东莱鞠羡为本郡太守，以讨弥，弥击杀之。

陈敏刑政无章，不为英俊所附；子弟凶暴，所在为患；顾荣、周玘等忧之。庐江内史华谭遗荣等书曰：『陈敏盗据吴、会，命危朝露。诸君或剖符名郡，或列为近臣，而更辱身奸人之朝，降节叛逆之党，不亦羞乎！吴武烈父子皆以英杰之才，继承大业。今以陈敏凶狡，七弟顽冗，欲蹑桓王之高踪，蹈大皇之绝轨，远度诸贤，犹当未许也。皇舆东返，俊彦盈朝，将举六师以清建业，诸贤何颜复见中州之士邪？』荣等素有图敏之心，及得书，甚惭，密遣使报征东

范长生诣成都，成都王雄门迎，执版，拜为丞相，尊之曰范贤。

夏，四月，己巳，司空越引兵屯温。初，太宰颙以为张方死，东方兵必可解。既而东方兵闻方死，争入关，颙悔之，乃斩郅辅，遣弘农太守彭随、北地太守刁默将兵拒祁弘等于湖。五月，壬辰，弘等击随、默，大破之。遂西入关，又败颙将马瞻、郭伟于霸水，颙单马逃入太白山。弘等入长安，所部鲜卑大掠，杀二万馀人，百官奔散，入山中，拾橡实食之。己亥，弘等奉帝乘牛车东还。以太弟太保梁柳为镇西将军，守关中。六月，丙辰朔，帝至洛阳，复羊后。辛未，大赦，改元。

马瞻等入长安，杀梁柳，与始平太守梁迈共迎太宰颙于南山。弘农太守裴廙、秦国内史贾龛、安定太守贾疋等起兵击颙，斩马瞻、梁迈。疋，诩之曾孙也。司空越遣督护麋晃将兵击颙，至郑，颙使平北将军牵秀屯冯翊。颙长史杨腾，诈称颙命，使秀罢兵，腾遂杀秀，关中皆服于越，颙保城而已。

成都王雄即皇帝位，大赦，改元曰晏平，国号大成。追尊父特曰景皇帝，庙号始祖；尊王太后曰皇太后。以范长生为天地太师，复其部曲，皆不豫征税。诸将恃恩，互争班位，尚书令阎式上疏，请考汉、晋故事，立百官制度，从之。

秋，七月，乙酉朔，日有食之。

八月，以司空越为太傅，录尚书事；范阳王虓为司空，镇邺；平昌公模为镇东大将军，镇许昌；王浚为骠骑大将军、都督东夷、河北诸军事，领幽州刺史。越以吏部郎颍川庾敳为军谘祭酒，前太弟中庶子胡母辅之为从事中郎，黄门侍郎河南郭象为主簿，鸿胪丞阮修为行参军，谢鲲为掾。辅之荐乐安光逸于越，越亦辟之。敳等皆尚虚玄，不以世务婴心，纵酒放诞；敳殖货无厌；象薄行，好招权；越皆以其名重于世，故辟之。

祁弘之入关也，成都王颖自武关奔新野。会新城元公刘弘卒，司马郭劢作乱，欲迎颖为主，治中顺阳郭舒奉弘子璠以讨劢，斩之。诏南中郎将刘陶收颖。颖北渡河，奔朝歌，收故将士，得数百人，欲赴公师藩。九月，顿丘太守冯嵩执之，送邺；范阳王虓不忍杀而幽之。公师藩自白马南渡河，兖州刺史苟晞讨斩之。

进东嬴公腾爵为东燕王，平昌公模为南阳王。

冬，十月，范阳王虓薨。长史刘舆以成都王颖素为邺人所附，秘不发丧，伪令人为台使称诏，夜，赐颖死，并杀其二子。颖官属先皆逃散，惟卢志随从，至死不怠，收而殡之。太傅越召志为军谘祭酒。

越将召刘舆，或曰：「舆犹腻也，近则污人。」及至，越疏之。舆密视天下兵簿及仓库、牛马、器械、水陆之形，皆默识之。时军国多事，每会议，自长史潘滔以下，莫知所对；舆应

大将军刘准，使发兵临江。己为内应，剪发为信。准遣扬州刺史刘机等出历阳讨敏。

敏使其弟广武将军昶将兵数万屯乌江，历阳太守宏屯牛渚。敏弟处知顾荣等有贰心，劝敏杀之，敏不从。

昶司马钱广，周玘同郡人也，玘密使广杀昶，因宣言州下已杀敏，敢动者诛三族。广勒兵朱雀桥南；敏遣甘卓讨广，坚甲精兵悉委之。顾荣虑敏之疑，故往就敏。敏曰：『卿当四出镇卫，岂得就我邪！』荣乃出，与周玘共说甘卓曰：『若江东之事可济，当共成之。然卿观兹事势，当有济理不？敏既常才，政令反覆，计无所定，其子弟各已骄矜，其败必矣。而吾等安然受其官禄，事败之日，使江西诸军函首送洛，题曰「逆贼顾荣、甘卓之首」，此万世之辱也！』卓遂诈称疾，迎女，断桥，收船南岸，与玘、荣及前松滋侯相丹杨纪瞻共攻敏。敏自帅万馀人讨卓，军人隔水语敏众曰：『本所以戮力陈公者，正以顾丹杨、周安丰耳；今皆异矣，汝等何为！』敏众狐疑未决，荣以白羽扇麾之，众皆溃去。敏单骑北走，追获之于江乘，叹曰：『诸人误我，以至今日！』谓弟处曰：『我负卿，卿不负我！』遂斩敏于建业，夷三族。于是会稽等郡尽杀敏诸弟。

时平东将军周馥代刘准镇寿春。三月，己未朔，馥传敏首至京师。诏征顾荣为侍中，纪瞻为尚书郎。太傅越辟周玘为参军，陆玩为掾。玩，机之从弟也。荣等至徐州，闻北方愈乱，疑不进，越与徐州刺史裴盾书曰：『若荣等顾望，以军礼发遣！』荣等惧，逃归。盾，楷之兄子，越妃兄也。

西阳夷寇江夏，太守杨珉请督将议之。诸将争献方略，骑督朱伺独不言。珉曰：『朱将军何以不言？』伺曰：『诸人以舌击贼，伺惟以力耳。』珉又问：『将军前后击贼，何以常胜？』伺曰：『两敌共对，惟当忍之；彼不能忍，我能忍，是以胜耳。』珉善之。

诏追复杨太后尊号；丁卯，改葬之，谥曰武悼。

庚午，立清河王覃弟豫章王诠为皇太子。辛未，大赦。

帝亲览大政，留心庶事；太傅越不悦，固求出藩。庚辰，越出镇许昌。

以高密王略为征南大将军，都督荆州诸军事，镇襄阳；南阳王模为征西大将军，都督秦、雍、梁、益四州诸军事，镇长安；东燕王腾为新蔡王，都督司、冀二州诸军事，仍镇邺。

公师藩既死，汲桑逃还苑中，更聚众劫掠郡县，自称大将军，声言为成都王报仇；以石勒为前驱，所向辄克，署勒扫虏将军，遂进攻邺。时邺中府库空竭，而新蔡武哀王腾资用甚饶。腾性吝啬，无所振惠，临急，乃赐将士米各数升，帛各丈尺，以是人不为用。夏，五月，桑大破魏郡太守冯嵩，长驱入邺，腾轻骑出奔，为桑将李丰所杀。桑出成都王颖棺，载之车中，每事启而后行。遂烧邺宫，火旬日不灭；杀士民万馀人，大掠而去。济自延津，南击兖

州。太傅越大惧，使苟晞及将军王赞等讨之。

秦州流民邓定、訇氏等据成固，寇掠汉中，梁州刺史张殷遣巴西太守张燕讨之。邓定等饥窘，诈降于燕，且赂之，燕为之缓师。定密遣訇氏求救于成，成主雄遣太尉离、司徒云、司空璜将兵二万救定。与燕战，大破之，张殷及汉中太守杜孟治弃城走。积十馀日，离等引还，尽徙汉中民于蜀。汉中人句方、白落帅吏民还守南郑。

石勒与苟晞等相持于平原、阳平间，数月，大小三十馀战，互有胜负。秋，七月，己酉朔，太傅越屯官渡，为晞声援。

己未，以琅邪王睿为安东将军，都督扬州江南诸军事，假节，镇建业。

八月，己卯朔，苟晞击汲桑于东武阳，大破之。桑退保清渊。

分荆州、江州八郡为湘州。

九月，戊申，琅邪王睿至建业。睿以安东司马王导为谋主，推心亲信，每事咨焉。睿名论素轻，吴人不附，居久之，士大夫莫有至者，导患之。会睿出观禊，导使睿乘肩舆，具威仪，导与诸名胜皆骑从，纪瞻、顾荣等见之惊异，相帅拜于道左。导因说睿曰：『顾荣、贺循，此土之望，宜引之以结人心。二子既至，则无不来矣。』睿乃使导躬造循、荣，二人皆应命而至。以循为吴国内史；荣为军司，加散骑常侍，凡军府政事，皆与之谋议。又以纪瞻为军祭酒，卞壶为从事中郎，周玘为仓曹属，琅邪刘超为舍人，张闿及鲁国孔衍为参军。壶，粹之子；闿，昭之曾孙也。王导说睿：『谦以接士，俭以足用，用清静为政，抚绥新旧。』故江东归心焉。睿初至，颇以酒废事；导以为言。睿命酌，引觞覆之，于此遂绝。

苟晞追击汲桑，破其八垒，死者万馀人。桑与石勒收馀众，将奔汉，冀州刺史谯国丁绍邀之于赤桥，又破之。桑奔马牧，勒奔乐平。太傅越还许昌，加苟晞抚军将军、都督青、兖诸军事，丁绍宁北将军，监冀州诸军事，皆假节。

晞屡破强寇，威名甚盛，善治繁剧，用法严峻。其从母依之，晞奉养甚厚。从母子求为将，晞不许，曰：『吾不以王法贷人，将无后悔邪！』固求之，晞乃以为督护；后犯法，晞杖节斩之，从母叩头救之，不听。既而素服哭之曰：『杀卿者，兖州刺史；哭弟者，苟道将也。』

胡部大张訇督、冯莫突等，拥众数千，壁于上党，石勒往从之，因说訇督等曰：『刘单于举兵击晋，部大拒而不从，自度终能独立乎？』曰：『不能。』勒曰：『然则安可不早有所属！今部落皆已受单于赏募，往往聚议，欲叛部大而归单于矣。』訇督等以为然。冬，十月，訇督随勒单骑归汉，汉王渊署訇督为亲汉王，莫突为都督部大，以勒为辅汉将军、平晋王，以统之。

乌桓张伏利度有众二千，壁于乐平，渊屡招，不能致。勒伪获罪于渊，往奔伏利度；伏利度喜，结为兄弟，使勒帅诸胡寇掠，所向无前，诸胡畏服。勒知众心之附己，乃因会执伏利度，谓诸胡曰：『今起大事，我与伏利度谁堪为主？』诸胡咸推勒。勒于是释伏利度，帅其众归汉。渊加勒督山东征讨诸事，以伏利度之众配之。

十一月，戊申朔，日有食之。

甲寅，以尚书右仆射和郁为征北将军，镇邺。

乙亥，以王衍为司徒。衍说太傅越曰：『朝廷危乱，当赖方伯，宜得文武兼资以任之。』乃以弟澄为荆州都督，族弟敦为青州刺史，语之曰：『荆州有江、汉之固，青州有负海之险，卿二人在外而吾居中，足以为三窟矣。』澄至镇，以郭舒为别驾，委以府事。澄日夜纵酒，不亲庶务，虽寇戎交急，不以为怀。舒常切谏，以为宜爱民养兵，保全州境，澄不从。

十二月，戊寅，乞活田甄、田兰、薄盛等起兵，为新蔡王腾报仇，斩汲桑于乐陵。弃成都王颖棺于故井中，颖故臣收葬之。

甲午，以前太傅刘寔为太尉，寔以老固辞，不许。庚子，以光禄大夫高光为尚书令。

前北军中候吕雍、度支校尉陈颜等，谋立清河王覃为太子；事觉，太傅越矫诏囚覃于金墉城。初，太傅越与苟晞亲善，引升堂，结为兄弟。司马潘滔说越曰：『兖州冲要，魏武

以之创业。苟晞有大志，非纯臣也，久令处之，则患生心腹矣。若迁于青州，厚其名号，晞必悦。公自牧兖州，经纬诸夏，藩卫本朝，此所谓为之于未乱者也。』越以为然。癸卯，越自为丞相，领兖州牧，都督兖、豫、司、冀、幽、并诸军事。以晞为征东大将军、开府仪同三司，加侍中、假节、都督青州诸军事，领青州刺史，封东平郡公。越、晞由是有隙。

晞至青州，以严刻立威，日行斩戮，州人谓之『屠伯』。顿丘太守魏植为流民所逼，众五六万，大掠兖州，晞出屯无盐以讨之。以弟纯领青州，刑杀更甚于晞。晞讨植，破之。

初，阳平刘灵，少贫贱，力制奔牛，走及奔马，时人虽异之，莫能举也。灵抚膺叹曰：『天乎，何当乱也！』及公师藩起，灵自称将军，寇掠赵、魏。会王弥为苟纯所败，灵亦为王赞所败，遂俱遣使降汉。汉拜弥镇东大将军、青徐二州牧、都督缘海诸军事，封东莱公；以灵为平北将军。

李钊至宁州，州人奉钊领州事。治中毛孟诣京师，求刺史，屡上奏，不见省。孟曰：『君亡亲丧，幽闭穷城，万里诉哀，精诚无感，生不如死！』欲自刎，朝廷怜之，以魏兴太守王逊为宁州刺史，仍诏交州出兵救李钊。交州刺史吾彦遣其子咨将兵救之。

慕容廆自称鲜卑大单于。拓跋禄官卒，弟猗卢总摄三部，与廆通好。

春，正月，丙午朔，日有食之。

丁未，大赦。

汉王渊遣抚军将军聪等十将南据太行，辅汉将军石勒等十将东下赵、魏。

二月，辛卯，太傅越杀清河王覃。

庚子，石勒寇常山，王浚击破之。

凉州刺史张轨病风，口不能言，使其子茂摄州事。陇西内史晋昌张越，凉州大族，欲逐轨而代之，与其兄酒泉太守镇及西平太守曹祛，谋遣使诣长安告南阳王模，称轨废疾，请以秦州刺史贾龛代之。龛将受之，其兄让龛曰：『张凉州一时名士，威著西州，汝何德以代之！』龛乃止。镇、祛上疏，更请刺史，未报；遂移檄废轨，以军司杜耽摄州事，使耽表越为刺史。

轨下教，欲避位，归老宜阳。长史王融、参军孟畅蹋折镇檄，排阁入言曰：『晋室多故，明公抚宁西夏，张镇兄弟敢肆凶逆，当鸣鼓诛之。』遂出，戒严。会轨长子寔自京师还，乃以寔为中督护，将兵讨镇。遣镇甥太府主簿令狐亚先往说镇，为陈利害，镇流涕曰：『人误我！』乃诣寔归罪。寔南击曹祛，走之。朝廷得镇、祛疏，以侍中袁瑜为凉州刺史。治中杨澹驰诣长安，割耳盘上，诉轨之被诬。南阳王模表请停瑜，武威太守张琠亦上表留轨；诏依模所表，且命诛曹祛。轨于是命寔帅步骑三万讨祛，斩之。张越奔邺，凉州乃定。

三月，太傅越自许昌徙镇鄄城。

王弥收集亡散，兵复大振。分遣诸将攻掠青、徐、兖、豫四州，所过攻陷郡县，多杀守令，有众数万；苟晞与之连战，不能克。夏，四月，丁亥，弥入许昌。

太傅越遣司马王斌帅甲士五千人入卫京师，张轨亦遣督护北宫纯将兵卫京师。五月，弥入自轘辕，败官军于伊北，京师大震，宫城门昼闭。壬戌，弥至洛阳，屯于津阳门。诏以王衍都督征讨诸军事。甲子，衍与王斌等出战，北宫纯募勇士百馀人突陈，弥兵大败。乙丑，弥烧建春门而东，衍遣左卫将军王秉追之，战于七里涧，又败之。弥走渡河，与王桑自轵关如平阳。汉王渊遣侍中兼御史大夫郊迎，令曰：『孤亲行将军之馆，拂席洗爵，敬待将军。』及至，拜司隶校尉，加侍中、特进，以桑为散骑侍郎。

北宫纯等与汉刘聪战于河东，败之。

诏封张轨西平郡公，轨辞不受。时州郡之使，莫有至者，轨独遣使贡献，岁时不绝。

秋，七月，甲辰，汉王渊寇平阳，太守宋抽弃郡走，河东太守路述战死；渊徙都蒲子。

上郡鲜卑陆逐延、氐酋单征并降于汉。

八月，丁亥，太傅越自鄄城徙屯濮阳；未几，又徙屯荥阳。

九月，汉王弥、石勒寇邺，和郁弃城走。诏豫州刺史裴宪屯白马以拒弥，车骑将军王堪屯东燕以拒勒，平北将军曹武屯大阳以备蒲子。宪，楷之子也。

冬，十月，甲戌，汉王渊即皇帝位，大赦，改元永凤。十一月，以其子和为大将军，聪为车骑大将军，族子曜为龙骧大将军。

壬寅，并州刺史刘琨使上党太守刘惇帅鲜卑攻壶关，汉镇东将军綦毋达战败亡归。

丙午，汉都督中外诸军事、大司马、领丞相右贤王宣卒。

石勒、刘灵帅众三万寇魏郡、汲郡、顿丘，百姓望风降附者五十余垒；皆假垒主将军、都尉印绶，简其强壮五万为军士，老弱安堵如故。己酉，勒执魏郡太守王粹于三台，杀之。

十二月，辛未朔，大赦。

乙亥，汉主渊以大将军和为大司马，封梁王；尚书令欢乐为大司徒，封陈留王；后父

封郡县公

州。太傅越大惧，使荀晞及将军王赞等讨之。

秦州流民邓定、訇氏等据成固，寇掠汉中，梁州刺史张殷遣巴西太守张燕讨之。等饥窘，诈降于燕，且赂之，燕为之缓师。定密遣訇氏求救于成，成主雄遣太尉离、司徒云、司空璜将兵二万救定。与燕战，大破之，张殷及汉中太守杜孟治弃城走。积十余日，离等引还，尽徙汉中民于蜀。汉中人句方、白落帅吏民还守南郑。

石勒与荀晞等相持于平原、阳平间，数月，大小三十余战，互有胜负。秋，七月，己酉朔，太傅越屯官渡，为晞声援。

己未，以琅邪王睿为安东将军、都督扬州江南诸军事、假节，镇建业。

八月，己卯朔，荀晞击汲桑于东武阳，大破之。桑退保清渊。

分荆州、江州八郡为湘州。

九月，戊申，琅邪王睿至建业。睿以安东司马王导为谋主，推心亲信，每事咨焉。睿名论素轻，吴人不附，居久之，士大夫莫有至者，导患之。会睿出观禊，导使睿乘肩舆，具威仪，导与诸名胜皆骑从，纪瞻、顾荣等见之惊异，相帅拜于道左。导因说睿曰：『顾荣、贺循，此土之望，宜引之以结人心。二子既至，则无不来矣。』睿乃使导躬造循、荣，二人皆应命而至。以循为吴国内史；荣为军司，加散骑常侍，凡军府政事，皆与之谋议。又以纪瞻

为军祭酒，卞壶为从事中郎，周玘为仓曹属，琅邪刘超为舍人，张闿及鲁国孔衍为参军。壶，粹之子；闿，昭之曾孙也。王导说睿：『谦以接士，俭以足用，以清静为政，抚绥新旧。』故江东归心焉。睿初至，颇以酒废事；导以为言。睿命酌，引觞覆之，于此遂绝。

荀晞追击汲桑，破其八垒，死者万余人。桑与石勒收余众，将奔汉，冀州刺史谯国丁绍邀之于赤桥，又破之。桑奔马牧，勒奔乐平。太傅越还许昌，加荀晞抚军将军、都督青、兖诸军事，丁绍宁北将军，监冀州诸军事，皆假节。

晞屡破强寇，威名甚盛，善治繁剧，用法严峻。其从母依之，晞奉养甚厚。从母子求为将，晞不许，曰：『吾不以王法贷人，将无后悔邪！』固求之，晞乃以为督护；后犯法，晞杖节斩之，从母叩头救之，不听。既而素服哭之曰：『杀卿者，兖州刺史；哭弟者，荀道将也。』

胡部大张訇督、冯莫突等，拥众数千，壁于上党，石勒往从之，因说訇督等曰：『刘单于举兵击晋，部大拒而不从，自度终能独立乎？』曰：『不能。』勒曰：『然则安可不早有所属！今部落皆已受单于赏募，往往聚议，欲叛部大而归单于矣。』訇督等以为然。冬，十月，訇督随勒单骑归汉，汉王渊署訇督为亲汉王，莫突为都督部大，以勒为辅汉将军、平晋王，以统之。

八月，丁亥，太傅越自许昌徙镇鄄城。未几，又徙屯濮阳。

九月，汉王弥、石勒寇邺，和郁弃城走。诏豫州刺史裴宪屯白马以拒弥，车骑将军王堪屯东燕以拒勒，平北将军曹武屯大阳以备蒲子。宪，楷之子也。

冬，十月，甲戌，汉王渊即皇帝位，大赦，改元永凤。十一月，以其子和为大将军，聚为车骑大将军，族子曜为龙骧大将军。

壬寅，并州刺史刘琨使上党太守刘惇帅鲜卑攻壶关，汉镇东将军綦毋达战败亡归。

丙午，汉都督中外诸军事、大司马、领丞相右贤王宣卒。

石勒、刘灵帅众三万寇魏郡、汲郡、顿丘，百姓望风降附者五十余垒，皆假垒主将军、都尉印绶，简其强壮五万为军士，老弱安堵如故。己酉，勒执魏郡太守王粹于三台，杀之。

十二月，辛未朔，大赦。

乙亥，汉主渊以大将军和为大司马，封梁王；尚书令欢乐为大司徒，封陈留王；后父御史大夫呼延翼为大司空，封雁门郡公；宗室以亲疏悉封郡县王，异姓以功伐悉封郡县公侯。

成尚书令杨褒卒。褒好直言，成主雄初得蜀，用度不足，诸将有以献金银得官者，褒谏曰：「陛下设官爵，当网罗天下英豪，何有以官买金邪！」雄谢之。雄尝醉，推中书令，杖太官令。褒进曰：「天子穆穆，诸侯皇皇。安有天子而为醉也！」雄惭而止。

成平寇将军李凤屯晋寿，屡寇汉中，汉中民东走荆沔。诏以张光为梁州刺史。荆州寇盗不禁，诏起刘璠为顺阳内史，江、汉间翕然归之。

[illegible]

诸军事，丁绍为宁北将军、监冀州诸军事，皆假节。晞练于官事，文簿盈积，断决如流，人不能欺。其从母依之，晞奉养甚厚。从母子求为将，晞不许，曰：「吾不以王法贷人，将无后悔邪！」固求之，晞乃以为督护；后犯法，晞杖节斩之，从母叩头救之，不听；既而素服哭之曰：「杀卿者兖州刺史，哭弟者苟道将也。」

胡部大张㔨督、冯莫突等，拥众数千，壁于上党。勒往从之，因说㔨督曰：「刘单于举兵击晋，部大拒而不从，自度能独立乎？」曰：「不能。」勒曰：「如其不能，则兵马当有所属！今部落皆已受单于赏募，往往聚议，欲叛部大而归单于矣，宜早为之计。」㔨督随勒归汉。汉王渊署㔨督为亲汉王，莫突为都督部大，以勒为辅汉将军、平晋王以统之。

资治通鉴卷第八十七

晋纪九 起屠维大荒落，尽重光协洽，凡三年。

孝怀皇帝中

永嘉三年（己巳，公元三〇九年）

春，正月，辛丑朔，荧惑犯紫微。汉太史令宣于修之，言于汉主渊曰：「不出三年，必克洛阳。蒲子崎岖，难以久安；平阳气象方昌，请徙都之。」渊从之。大赦，改元河瑞。

三月，戊申，高密孝王略薨。以尚书左仆射山简为征南将军、都督荆、湘、交、广四州诸军事，镇襄阳。简，涛之子也，嗜酒，不恤政事；表「顺阳内史刘璠得众心，恐百姓劫璠为主」。诏征璠为越骑校尉。南州由是遂乱，父老莫不追思刘弘。

丁巳，太傅越自荥阳入京师。中书监王敦谓所亲曰：「太傅专执威权，而选用表请，尚书犹以旧制裁之，今日之来，必有所诛。」帝之为太弟也，与中庶子缪播亲善，及即位，以播为中书监，缪胤为太仆卿，委以心膂；帝舅散骑常侍王延、尚书何绥、太史令高堂冲，并参机密。越疑朝臣贰于己，刘舆、潘滔劝越悉诛播等。越乃诬播等欲为乱，乙丑，遣平东将军王秉，帅甲士三千入宫，执播等十馀人于帝侧，付廷尉，杀之。

帝叹息流涕而已。绥，曾之孙也。初，何曾侍武帝宴，退，谓诸子曰：「主上开创大业，吾每宴见，未尝闻经国远图，惟说平生常事，非贻厥孙谋之道也，及身而已，后嗣其殆乎！汝辈犹可以免。」指诸孙曰：「此属必及于难。」及绥死，兄嵩哭之曰：「我祖其殆圣乎！」曾日食万钱，犹云无下箸处。子劭，日食二万。绥及弟机、羡，汰侈尤甚；与人书疏，词礼简傲。河内王尼见绥书，谓人曰：「伯蔚居乱世而矜豪乃尔，其能免乎？」人曰：「伯蔚闻卿言，必相危害。」尼曰：「伯蔚比闻我言，自己死矣！」及永嘉之末，何氏无遗种。

臣光曰：何曾讥武帝偷惰，取过目前，不为远虑；知天下将乱，子孙必与其忧，何其明也！然身为僭侈，使子孙承流，卒以骄奢亡族，其明安在哉！且身为宰相，知其君之过，不以告而私语于家，非忠臣也。

太傅越以王敦为扬州刺史。

刘寔连年请老，朝廷不许。尚书左丞刘坦上言：「古之养老，以不事为忧，不以吏之为重，谓宜听寔所守。」丁卯，诏寔以侯就第。以王衍为太尉。

太傅越解兖州牧，领司徒。越以顷来兴事，多由殿省，乃奏宿卫有侯爵者皆罢之。时殿中武官并封侯，由是出者略尽，皆泣涕而去。更使右卫将军何伦、左卫将军王秉领

东海国兵数百人宿卫。

左积弩将军朱诞奔汉，具陈洛阳孤弱，劝汉主渊攻之。渊以诞为前锋都督，以灭晋大将军刘景为大都督，将兵攻黎阳，克之；又败王堪于延津，沉男女三万馀人于河。渊闻之，怒曰：『景何面复见朕？且天道岂能容之？吾所欲除者，司马氏耳，细民何罪？』黜景为平虏将军。

夏，大旱，江、汉、河、洛皆竭，可涉。

汉安东大将军石勒寇巨鹿、常山，众至十馀万，集衣冠人物，别为君子营。以赵郡张宾为谋主，刁膺为股肱，夔安、孔苌、支雄、桃豹、逯明为爪牙，并州诸胡羯多从之。

初，张宾好读书，阔达有大志，常自比张子房。及石勒徇山东，宾谓所亲曰：『吾历观诸将，无如此胡将军者，可与共成大业！』乃提剑诣军门，大呼请见，勒亦未之奇也。宾数以策干勒，已而皆如所言。勒由是奇之，署为军功曹，动静咨之。

汉主渊以王弥为侍中、都督青、徐、兖、豫、荆、扬六州诸军事、征东大将军、青州牧，与楚王聪共攻壶关，以石勒为前锋都督。刘琨遣护军黄肃、韩述救之，聪败述于西涧，勒败肃于封田，皆杀之。

太傅越遣淮南内史王旷、将军施融、曹超将兵拒聪等。旷济河，欲长驱而前，融曰：『彼乘险间出，我虽有数万之众，犹是一军独受敌也。且当阻水为固以量形势，然后图之。』旷怒曰：『君欲沮众邪！』融退，曰：『彼善用兵，旷暗于事势，吾属今必死矣！』旷等逾太行与聪遇，战于长平之间，旷兵大败，融、超皆死。

聪遂破屯留、长子，凡斩获万九千级。上党太守庞淳以壶关降汉。刘琨以都尉张倚领上党太守，据襄垣。

初，匈奴刘猛死，右贤王去卑子诰升爰代领其众。诰升爰卒，子虎立，居新兴，号铁弗氏，与白部鲜卑皆附于汉。刘琨自将击虎，刘聪遣兵袭晋阳，不克。

五月，汉主渊封子裕为齐王，隆为鲁王。

秋，八月，汉主渊命楚王聪等进攻洛阳；诏平北将军曹武等拒之，皆为聪所败。聪长驱至宜阳，自恃骤胜，怠不设备。九月，弘农太守垣延诈降，夜袭聪军，聪大败而还。

王浚遣祁弘与鲜卑段务勿尘击石勒于飞龙山，大破之，勒退屯黎阳。

冬，十月，汉主渊复遣楚王聪、王弥、始安王曜、汝阴王景帅精骑五万寇洛阳，大司空雁门刚穆公呼延翼帅步卒继之。丙辰，聪等至宜阳。朝廷以汉兵新败，不意其复

至，大惧。辛酉，聪屯西明门。北宫纯等夜帅勇士千馀人出攻汉壁，斩其征虏将军呼延颢。壬戌，聪南屯洛水。乙丑，呼延翼为其下所杀，其众自大阳溃归。渊敕聪等还师。聪表称晋兵微弱，不可以翼、颢死故还师，固请留攻洛阳，渊许之。太傅越婴城自守。戊寅，聪亲祈嵩山，留平晋将军安阳哀王厉、冠军将军呼延朗督摄留军；太傅参军孙询说越乘虚出击朗，斩之，厉赴水死。王弥谓聪曰：『今军既失利，洛阳守备犹固，运车在陕，粮食不支数日。殿下不如与龙骧还平阳，裹粮发卒，更为后举；下官亦收兵谷，待命于兖、豫，不亦可乎？』聪自以请留，未敢还。宣于修之言于渊曰：『岁在辛未，乃得洛阳。今晋气犹盛，大军不归，必败。』渊乃召聪等还。

天水人訇琦等杀成太尉李离、尚书令阎式，以梓潼降罗尚。成主雄遣太傅骧、司徒云、司空璜攻之，不克，云、璜战死。

初，谯周有子居巴西，成巴西太守马脱杀之，其子登诣刘弘请兵以复仇。弘表登为梓潼内史，使自募巴、蜀流民，得二千人，西上，至巴郡，从罗尚求益兵，不得。登进攻宕渠，斩马脱，食其肝。会梓潼降，登进据涪城；雄自攻之，为登所败。

十一月，甲申，汉楚王聪、始安王曜归于平阳。王弥南出轘辕，流民之在颍川、襄城、汝南、南阳、河南者数万家，素为居民所苦，皆烧城邑，杀二千石、长吏以应弥。

石勒寇信都，杀冀州刺史王斌。王浚自领冀州。诏车骑将军王堪、北中郎将裴宪将兵讨勒，勒引兵还，拒之；魏郡太守刘矩以郡降勒。勒至黎阳，裴宪弃军奔淮南，王堪退保仓垣。

十二月，汉主渊以陈留王欢乐为太傅，楚王聪为大司徒，江都王延年为大司空。遣都护大将军曲阳王贤与征北大将军刘灵、安北将军赵固、平北将军王桑，东屯内黄。王弥表左长史曹嶷行安东将军，东徇青州，且迎其家；渊许之。

初，东夷校尉勃海李臻，与王浚约共辅晋室，浚内有异志，臻恨之。和演之死也，别驾昌黎王诞亡归李臻，说臻举兵讨浚。臻遣其子成将兵击浚。辽东太守庞本，素与臻有隙，乘虚袭杀臻，遣人杀成于无虑。诞亡归慕容廆。诏以勃海封释代臻为东夷校尉，庞本复谋杀之；释子悛劝释伏兵请本，收斩之，悉诛其家。

四年（庚午，公元三一〇年）

春，正月，乙丑朔，大赦。

汉主渊立单征女为皇后，梁王和为皇太子，大赦；封子乂为北海王；以长乐王洋为大司马。

汉镇东大将军石勒济河，拔白马，王弥以三万众会之，共寇徐、豫、兖州。二月，

勒袭鄄城，杀兖州刺史袁孚，遂拔仓垣，杀王堪。复北济河，攻冀州诸郡，民从之者九万馀口。

成太尉李国镇巴西，帐下文石杀国，以巴西降罗尚。

太傅越征建威将军吴兴钱琀及扬州刺史王敦。琀谋杀敦以反，敦奔建业，告琅邪王睿。琀遂反，进寇阳羡，睿遣将军郭逸等讨之；周玘纠合乡里，与逸等共讨琀，斩之。玘三定江南，睿以玘为吴兴太守，于其乡里置义兴郡以旌之。

曹嶷自大梁引兵而东，所至皆下，遂克东平，进攻琅邪。

夏，四月，王浚将祁弘败汉冀州刺史刘灵于广宗，杀之。

成主雄谓其将张宝曰：『汝能得梓潼，吾以李离之官赏汝。』宝乃先杀人而亡奔梓潼，訇琦等信之，委以心腹。会罗尚遣使至梓潼，琦等出送之；宝从后闭门，琦等奔巴西。雄以宝为太尉。

幽、并、司、冀、秦、雍六州大蝗，食草木、牛马毛皆尽。

秋，七月，汉楚王聪、始安王曜、石勒及安北大将军赵国围河内太守裴整于怀，诏征虏将军宋抽救怀。勒与平北大将军王桑逆击抽，杀之；河内人执整以降，汉主渊以整为尚书左丞。河内督将郭默收整馀众，自为坞主，刘琨以默为河内太守。

罗尚卒于巴郡，诏以长沙太守下邳皮素代之。

庚午，汉主渊寝疾；辛未，以陈留王欢乐为太宰，长乐王洋为太傅，江都王延年为太保，楚王聪为大司马、大单于，并录尚书事。置单于台于平阳西。以齐王裕为大司徒，鲁王隆为尚书令，北海王乂为抚军大将军、领司隶校尉，始安王曜为征讨大都督、领单于左辅，廷尉乔智明为冠军大将军、领单于右辅，光禄大夫刘殷为左仆射，王育为右仆射，任顗为吏部尚书，朱纪为中书监，护军马景领左卫将军，永安王安国领右卫将军，安昌王盛、安邑王钦、西阳王璿皆领武卫将军，分典禁兵。初，盛少时，不好读书，唯读《孝经》、《论语》，曰：『诵此能行，足矣，安用多诵而不行乎！』李熹见之，叹曰：『望之如可易，及至，肃如严君，可谓君子矣！』渊以其忠笃，故临终委以要任。丁丑，渊召太宰欢乐等入禁中，受遗诏辅政。己卯，渊卒；太子和即位。

和性猜忌无恩。宗正呼延攸，翼之子也，渊以其无才行，终身不迁官；侍中刘乘，素恶楚王聪；卫尉西昌王锐，耻不预顾命；乃相与谋，说和曰：『先帝不惟轻重之势，使三王总强兵于内，大司马拥十万众屯于近郊，陛下便为寄坐耳。宜早为之计。』和，攸之甥也，深信之。辛巳夜，召安昌王盛、安邑王钦等告之。盛曰：『先帝梓宫在殡，四王未有逆节，一旦自相鱼肉，天下谓陛下何！且大业甫尔，陛下勿信谗夫之言以疑兄

弟。兄弟尚不可信，他人谁足信哉！」攸、锐怒之曰：「今日之议，理无有二，领军是何言乎！」命左右刃之。盛既死，钦惧曰：「惟陛下命！」壬午，锐帅马景攻楚王聪于单于台，攸帅永安王安国攻齐王裕于司徒府，乘帅安邑王钦攻鲁王隆，使尚书田密、武卫将军刘璿攻北海王乂。密、璿挟乂斩关归于聪，聪命贯甲以待之。锐知聪有备，驰还，与攸、乘共攻隆、裕。攸、乘疑安国、钦有异志，杀之。是日，斩裕；癸未，斩隆。甲申，聪攻西明门，克之；锐等走入南宫，前锋随之。乙酉，杀和于光极西室，收锐、攸、乘，枭首通衢。

群臣请聪即帝位；聪以北海王乂，单后之子也，以位让之。乂涕泣固请，聪久而许之，曰：「乂及群公正以祸难尚殷，贪孤年长故耳。此家国之事，孤何敢辞！俟乂年长，当以大业归之。」遂即位。大赦，改元光兴。尊单氏曰皇太后，其母张氏曰帝太后。以乂为皇太弟、领大单于、大司徒。立其妻呼延氏为皇后。呼延氏，渊后之从父妹也。封其子粲为河内王，易为河间王，翼为彭城王，悝为高平王；仍以粲为抚军大将军、都督中外诸军事。以石勒为并州刺史，封汲郡公。

略阳临渭氐酋蒲洪，骁勇多权略，群氐畏服之。汉主聪遣使拜洪平远将军，洪不受，自称护氐校尉、秦州刺史、略阳公。

九月，辛未，葬汉主渊于永光陵，谥曰光文皇帝，庙号高祖。

雍州流民多在南阳，诏书遣还乡里。流民以关中荒残，皆不愿归；征南将军山简、南中郎将杜蕤各遣兵送之，促期令发。京兆王如遂潜结壮士，夜袭二军，破之。于是冯翊严嶷、京兆侯脱各聚众攻城镇，杀令长以应之，未几，众至四五万，自号大将军、领司、雍二州牧，称藩于汉。

冬，十月，汉河内王粲、始安王曜及王弥帅众四万寇洛阳，石勒帅骑二万会粲于大阳，败监军裴邈于渑池，遂长驱入洛川。粲出轩辕，掠梁、陈、汝、颍间。勒出成皋关，壬寅，围陈留太守王赞于仓垣，为赞所败，退屯文石津。

刘琨自将讨刘虎及白部，遣使卑辞厚礼说鲜卑拓跋猗卢以请兵。猗卢使其弟弗之子郁律帅骑二万助之，遂破刘虎、白部，屠其营。琨与猗卢结为兄弟，表猗卢为大单于，以代郡封之为代公。时代郡属幽州，王浚不许，遣兵击猗卢，猗卢拒破之。浚由是与琨有隙。

猗卢以封邑去国悬远，民不相接，乃帅部落万馀家自云中入雁门，从琨求陉北之地。琨不能制，且欲倚之为援，乃徙楼烦、马邑、阴馆、繁畤、崞五县民于陉南，以其地与猗卢；由是猗卢益盛。

琨遣使言于太傅越，请出兵共讨刘聪、石勒；越忌苟晞及豫州刺史冯嵩，恐为后患，不许。琨乃谢猗卢之兵，遣归国。

刘虎收馀众，西渡河，居朔方肆卢川，汉主聪以虎宗室，封楼烦公。

壬子，以刘琨为平北大将军，王浚为司空，进鲜卑段务勿尘为大单于。

京师饥困日甚，太傅越遣使以羽檄征天下兵，使入援京师。帝谓使者曰：『为我语诸征、镇：今日尚可救，后则无及矣！』既而卒无至者。征南将军山简遣督护王万将兵入援，军于涅阳，为王如所败。如遂大掠沔、汉，进逼襄阳，简婴城自守。荆州刺史王澄自将，欲援京师，至沶口，闻简败，众散而还。朝议多欲迁都以避难，王衍以为不可，卖车牛以安众心。山简为严嶷所逼，自襄阳徙屯夏口。

石勒引兵济河，将趣南阳，王如、侯脱、严嶷等闻之，遣众一万屯襄城以拒勒。勒击之，尽俘其众，进屯宛北。是时，侯脱据宛，王如据穰。如素与脱不协，遣使重赂勒，结为兄弟，说勒使攻脱。勒攻宛，克之；严嶷引兵救宛，不及而降。勒斩脱，囚嶷，送于平阳，尽并其众。遂南寇襄阳，攻拔江西垒壁三十馀所。还，趣襄城，王如遣弟璃袭勒；勒迎击，灭之，复屯江西。

太傅越既杀王延等，大失众望；又以胡寇益盛，内不自安，乃戎服入见，请讨石勒，且镇集兖、豫。帝曰：『今胡虏侵逼郊畿，人无固志，朝廷社稷，倚赖于公，岂可远出以孤根本！』对曰：『臣出，幸而破贼，则国威可振，犹愈于坐待困穷也。』十一月，甲戌，越帅甲士四万向许昌，留妃裴氏、世子毗及龙骧将军李恽、右卫将军何伦守卫京师，防察宫省；以潘滔为河南尹，总留事。越表以行台自随，用太尉衍为军司，朝贤素望，悉为佐吏，名将劲卒，咸入其府。于是宫省无复守卫，荒馑日甚，殿内死人交横；盗贼公行，府寺营署，并掘堑自守。越东屯项，以冯嵩为左司马，自领豫州牧。

竟陵王楙白帝遣兵袭何伦，不克；帝委罪于楙，楙逃窜，得免。

扬州都督周馥以洛阳孤危，上书请迁都寿春。太傅越以馥不先白己而直上书，大怒，召馥及淮南太守裴硕。馥不肯行，令硕帅兵先进。硕诈称受越密旨，袭馥，为馥所败，退保东城。

诏加张轨镇西将军、都督陇右诸军事。光禄大夫傅祗、太常挚虞遗轨书，告以京师饥匮。轨遣参军杜勋献马五百匹，毯布三万匹。

成太傅骧攻谯登于涪城。罗尚子宇及参佐素恶登，不给其粮。益州刺史皮素怒，欲治其罪；十二月，素至巴郡，罗宇等使人夜杀素，建平都尉暴重杀宇，巴郡乱。骧知登食尽援绝，攻涪愈急。士民皆熏鼠食之，饿死甚众，无一人离叛者。骧子寿先在登所，

登乃归之。三府官属表巴东监军南阳韩松为益州刺史，治巴东。

初，帝以王弥、石勒侵逼京畿，诏苟晞督帅州郡讨之。会曹嶷破琅邪，北收齐地，兵势甚盛，苟纯闭城自守。晞还救青州，与嶷连战，破之。

是岁，宁州刺史王逊到官，表李钊为朱提太守。时宁州外逼于成，内有夷寇，城邑丘墟。逊恶衣菜食，招集离散，劳来不倦，数年之间，州境复安。诛豪右不奉法者十馀家；以五苓夷昔为乱首，击灭之，内外震服。

汉主聪自以越次而立，忌其嫡兄恭；因恭寝，穴其壁间，刺而杀之。

汉太后单氏卒，汉主聪尊母张氏为皇太后。单氏年少美色，聪烝焉。太弟乂屡以为言，单氏惭恚而死。乂宠由是渐衰，然以单氏故，尚未之废也。呼延后言于聪曰：『父死子继，古今常道。陛下承高祖之业，太弟何为者哉！陛下百年后，粲兄弟必无种矣。』聪曰：『然，吾当徐思之。』呼延氏曰：『事留变生，太弟见粲兄弟浸长，必有不安之志，万一有小人交构其间，未必不祸发于今日也。』聪心然之。乂舅光禄大夫单冲泣谓乂曰：『疏不间亲。主上有意于河内王矣，殿下何不避之！』乂曰：『河瑞之末，主上自惟嫡庶之分，以大位让乂。乂以主上齿长，故相推奉。天下者，高祖之天下，兄终弟及，何为不可！粲兄弟既壮，犹今日也。且子弟之间，亲疏讵几，主上宁可有此意乎！』

五年（辛未，公元三一一年）

春，正月，壬申，苟晞为曹嶷所败，弃城奔高平。

石勒谋保据江、汉，参军都尉张宾以为不可。会军中饥疫，死者太半，乃渡沔，寇江夏，癸酉，拔之。

乙亥，成太傅骧拔涪城，获谯登。太保始拔巴西，杀文石。于是成主雄大赦，改元玉衡。谯登至成都，雄欲宥之；登词气不屈，雄杀之。

巴蜀流民布在荆、湘间，数为土民所侵苦，蜀人李骧聚众据乐乡反，南平太守应詹与醴陵令杜弢共击破之。王澄使成都内史王机讨骧，骧请降，澄伪许而袭杀之。以其妻子为赏，沉八千馀人于江，流民益怨忿。蜀人杜畴等复反，湘州参军冯素与蜀人汝班有隙，言于刺史荀眺曰：『巴、蜀流民皆欲反。』眺信之，欲尽诛流民。流民大惧，四五万家一时俱反，以杜弢州里重望，共推为主。弢自称梁、益二州牧、领湘州刺史。

裴硕求救于琅邪王睿，睿使扬威将军甘卓等攻周馥于寿春。馥众溃，奔项，豫州都督新蔡王确执之，馥忧愤而卒。确，腾之子也。

扬州刺史刘陶卒。琅邪王睿复以安东军咨祭酒王敦为扬州刺史，寻加都督征讨诸军事。

李恽奔广宗。裴妃为人所掠卖，久之，渡江。初，琅邪王睿之镇建业，裴妃意也，故睿德之，厚加存抚，以其子冲继越后。

汉赵固、王桑攻裴盾，杀之。

杜弢攻长沙。五月，荀眺弃城奔广州，弢追擒之。于是弢南破零、桂，东掠武昌，杀二千石长吏甚众。

以太子太傅傅祗为司徒，尚书令荀藩为司空，加王浚大司马、侍中、大都督、督幽、冀诸军事，南阳王模为太尉、大都督，张轨为车骑大将军，琅邪王睿为镇东大将军，兼督扬、江、湘、交、广五州诸军事。

初，太傅越以南阳王模不能绥抚关中，表征为司空。将军淳于定说模使不就征，模从之；表遣世子保为平西中郎将，镇上邽，秦州刺史裴苞拒之。模使帐下都尉陈安攻苞，苞奔安定，太守贾疋纳之。

荀晞表请迁都仓垣，使从事中郎刘会将船数十艘、宿卫五百人、谷千斛迎帝。帝将从之，公卿犹豫，左右恋资财，遂不果行。既而洛阳饥困，人相食，百官流亡者什八九。帝召公卿议，将行而卫从不备。帝抚手叹曰：『如何曾无车舆！』乃使傅祗出诣河阴，治舟楫，朝士数十人导从。帝步出西掖门，至铜驼街，为盗所掠，不得进而还。度支校尉东郡魏浚，帅流民数百家保河阴之硖石，时劫掠得谷麦，献之。帝以为扬威将军、平阳太守，度支如故。

汉主聪使前军大将军呼延晏将兵二万七千寇洛阳，比及河南，晋兵前后十二败，死者三万馀人。始安王曜、王弥、石勒皆引兵会之；未至，晏留辎重于张方故垒；癸未，先至洛阳；甲申，攻平昌门；丙戌，克之，遂焚东阳门及诸府寺。六月，丁亥朔，晏以外继不至，俘掠而去。帝具舟于洛水，将东走，晏尽焚之。庚寅，荀藩及弟光禄大夫组奔轘辕。辛卯，王弥至宣阳门；壬辰，始安王曜至西明门；丁酉，王弥、呼延晏克宣阳门，入南宫，升太极前殿，纵兵大掠，悉收宫人、珍宝。帝出华林园门，欲奔长安，汉兵追执之，幽于端门。曜自西明门入屯武库。戊戌，曜杀太子诠、吴孝王晏、竟陵王楙、右仆射曹馥、尚书闾丘冲、河南尹刘默等，士民死者三万馀人。遂发掘诸陵，焚宫庙、官府皆尽。曜纳惠帝羊皇后，迁帝及六玺于平阳。石勒引兵出轘辕，屯许昌。光禄大夫刘蕃、尚书卢志奔并州。

丁未，汉主聪大赦，改元嘉平。以帝为特进左光禄大夫，封平阿公，以侍中庾珉、王俊为光禄大夫。珉，敳之兄也。

初，始安王曜以王弥不待己至，先入洛阳，怨之。弥说曜曰：『洛阳天下之中，山

庚辰，平原王干薨。

二月，石勒攻新蔡，杀新蔡庄王确于南顿；进拔许昌，杀平东将军王康。

氐苻成、隗文复叛，自宜都趣巴东；建平都尉暴重讨之。重因杀韩松，自领三府事。

东海孝献王越既与苟晞有隙，河南尹潘滔、尚书刘望等复从而谮之。晞怒，表求滔等首，扬言：『司马元超为宰相不平，使天下淆乱，苟道将岂可以不义使之！』乃移檄诸州，自称功伐，陈越罪状。帝亦恶越专权，多违诏命；所留将士何伦等，抄掠公卿，逼辱公主；密赐晞手诏，使讨之。晞数与帝文书往来，越疑之，使游骑于成皋间伺之，果获晞使及诏书。乃下檄罪状晞，以从事中郎杨瑁为兖州刺史，使与徐州刺史裴盾共讨晞。晞遣骑收潘滔，滔夜遁，得免；执尚书刘曾、侍中程延，斩之。越忧愤成疾，以后事付王衍；三月，丙子，薨于项。秘不发丧。众共推衍为元帅，衍不敢当；以让襄阳王范，范亦不受。范，玮之子也。于是衍等相与奉越丧还葬东海。何伦、李恽等闻越薨，奉裴妃及世子毗自洛阳东走，城中士民争随之。帝追贬越为县王，以苟晞为大将军、大都督，督青、徐、兖、豫、荆、扬六州诸军事。

益州将吏共杀暴重，表巴郡太守张罗行三府事。罗与隗文等战，死，文等驱掠吏民，西降于成。三府文武共表平西司马蜀郡王异行三府事，领巴郡太守。

初，梁州刺史张光会诸郡守于魏兴，共谋进取。张燕唱言：『汉中荒败，迫近大贼，克复之事，当俟英雄。』光以燕受邓定赂，致失汉中，今复沮众，呵出斩之。治兵进战，累年乃得至汉中，绥抚荒残，百姓悦服。

夏，四月，石勒帅轻骑追太傅越之丧，及于苦县宁平城，大败晋兵，纵骑围而射之，将士十馀万人相践如山，无一人得免者。执太尉衍、襄阳王范、任城王济、武陵庄王澹、西河王喜、梁怀王禧、齐王超、吏部尚书刘望、廷尉诸葛铨、豫州刺史刘乔、太傅长史庾敳等，坐之幕下，问以晋故。衍具陈祸败之由，云计不在己；且自言少无宦情，不豫世事；因劝勒称尊号，冀以自免。勒曰：『君少壮登朝，名盖四海，身居重任，何得言无宦情邪！破坏天下，非君而谁！』命左右扶出。众人畏死，多自陈述。独襄阳王范神色俨然，顾呵之曰：『今日之事，何复纷纭！』勒谓孔苌曰：『吾行天下多矣，未尝见此辈人，当可存乎？』苌曰：『彼皆晋之王公，终不为吾用。』勒曰：『虽然，要不可加以锋刃。』夜，使人排墙杀之。济，宣帝弟子景王陵之子；禧，澹之子也。剖越柩，焚其尸，曰：『乱天下者此人也，吾为天下报之，故焚其骨以告天地。』

何伦等至洧仓，遇勒，战败，东海世子及宗室四十八王皆没于勒，何伦奔下邳，

尚书，以田征为兖州刺史，李恽为青州刺史。

南阳王模使牙门赵染戍蒲坂，染求冯翊太守不得而怒，帅众降汉，汉主聪以染为平西将军。八月，聪遣染与安西将军刘雅帅骑二万攻模于长安，河内王粲、始安王曜帅大众继之。染败模兵于潼关，长驱至下邽。凉州将北宫纯自长安帅其众降汉。汉兵围长安，模遣淳于定出战而败。模仓库虚竭，士卒离散，遂降于汉。赵染送模于河内王粲；九月，粲杀模。关西饥馑，白骨蔽野，士民存者百无一二。聪以始安王曜为车骑大将军、雍州牧，更封中山王，镇长安。以王弥为大将军，封齐公。

苟晞骄奢苛暴，前辽西太守阎亨，缵之子也，数谏晞，晞杀之。从事中郎明预有疾，自舆入谏。晞怒曰：「我杀阎亨，何关人事，而舆病骂我！」预曰：「明公以礼待预，故预以礼自尽。今明公怒预，其如远近怒明公何！桀为天子，犹以骄暴而亡，况人臣乎！愿明公且置是怒，思预之言。」晞不从。由是众心离怨，加以疾疫、饥馑。石勒攻王赞于阳夏，擒之。遂袭蒙城，执晞及豫章王端，锁晞颈，以为左司马。汉主聪拜勒幽州牧。

王弥与勒，外相亲而内相忌，刘暾说弥使召曹嶷之兵以图勒，弥为书，使暾召嶷，且邀勒共向青州。暾至东阿，勒游骑获之，勒潜杀暾而弥不知。会弥将徐邈、高梁辄

引所部兵去，弥兵渐衰。弥闻勒擒苟晞，心恶之，以书贺勒曰：「公获苟晞而用之，何其神也！使晞为公左，弥为公右，天下不足定也。」勒谓张宾曰：「王公位重而言卑，其图我必矣。」宾因劝勒乘弥小衰，诱而取之。时勒方与乞活陈午相攻于蓬关，弥亦与刘瑞相持甚急。弥请救于勒，勒未之许。张宾曰：「公常恐不得王公之便，今天以王公授我矣。陈午小竖，不足忧；王公人杰，当早除之。」勒乃引兵击瑞，斩之。弥大喜，谓勒实亲己，不复疑也。冬，十月，勒请弥燕于己吾。弥将往，长史张嵩谏，不听。酒酣，勒手斩弥而并其众，表汉主聪，称弥叛逆。聪大怒，遣使让勒「专害公辅，有无君之心」，然犹加勒镇东大将军、督并、幽二州诸军事、领并州刺史，以慰其心。苟晞、王赞潜谋叛勒，勒杀之，并晞弟纯。

勒引兵掠豫州诸郡，临江而还，屯于葛陂。

初，勒之为人所掠卖也，与其母王氏相失。刘琨得之，并其从子虎送于勒，因遗勒书曰：「将军用兵如神，所向无敌。所以周流天下而无容足之地，百战百胜而无尺寸之功者，盖得主则为义兵，附逆则为贼众故也。成败之数，有似呼吸，吹之则寒，嘘之则温。今相授侍中、车骑大将军、领护匈奴中郎将、襄城郡公，将军其受之！」勒报书曰：「事功殊途，非腐儒所知。君当逞节本朝，吾自夷难为效。」遗琨名马、珍宝，厚

河四塞，城池、官室不假修营，宜白主上自平阳徙都之。」曜以天下未定，洛阳四面受敌，不可守，不用弥策而焚之。弥骂曰：「屠各子，岂有帝王之意邪？」遂与曜有隙，引兵东屯项关。前司隶校尉刘暾说弥曰：「今九州糜沸，群雄竞逐，将军于汉建不世之功，又与始安王相失，将何以自容！不如东据本州，徐观天下之势，上可以混壹四海，下不失鼎峙之业，策之上者也。」弥心然之。

司徒傅祗建行台于河阴，司空荀藩在阳城，河南尹华荟在成皋，汝阴太守平阳李矩为之立屋，输谷以给之。荟，歆之曾孙也。

藩与弟组、族子中护军崧，荟与弟中领军恒，建行台于密，传檄四方，推琅邪王睿为盟主。藩承制以崧为襄城太守，矩为荥阳太守，前冠军将军河南褚翜为梁国内史。扬威将军魏浚屯洛北石梁坞，刘琨承制假浚河南尹，浚诣荀藩咨谋军事。藩邀李矩同会，矩夜赴之。矩官属皆曰：「浚不可信，不宜夜往。」矩曰：「忠臣同心，何所疑乎！」遂往，相与结欢而去。浚族子该，聚众据一泉坞，藩以为武威将军。

豫章王端，太子诠之弟也，东奔仓垣，荀晞率群官奉以为皇太子，置行台。端承制以晞领太子太傅、都督中外诸军、录尚书事，自仓垣徙屯蒙城。

抚军将军秦王业，吴孝王之子，荀藩之甥也，年十二，南奔密，藩等奉之，南趣许

昌。前豫州刺史天水阎鼎，聚西州流民数千人于密，欲还乡里。荀藩以鼎有才而拥众，用鼎为豫州刺史，以中书令李絙、司徒左长史彭城刘畴、镇军长史周顗、司马李述等为之参佐。顗，浚之子也。

时海内大乱，独江东差安，中国士民避乱者多南渡江。镇东司马王导说琅邪王睿收其贤俊，与之共事。睿从之，辟掾属百馀人，时人谓之百六掾。以前颍川太守勃海刁协为军咨祭酒，前东海太守王承、广陵相卞壸为从事中郎，江宁令诸葛恢、历阳参军陈国陈頵为行参军，前太傅掾庾亮为西曹掾。承，浑之弟子；恢，靓之子；亮，衮之弟子也。

江州刺史华轶，歆之曾孙也，自以受朝廷之命而为琅邪王睿所督，多不受其教令。郡县多谏之，轶曰：「吾欲见诏书耳。」及睿承荀藩檄，承制署置官司，改易长吏，轶与豫州刺史裴宪皆不从命。睿遣扬州刺史王敦、历阳内史甘卓与扬烈将军庐江周访合兵击轶。轶兵败，奔安成，访追斩之，及其五子。裴宪奔幽州。睿以甘卓为湘州刺史，周访为寻阳太守，又以扬武将军陶侃为武昌太守。

秋，七月，王浚设坛告类，立皇太子，布告天下，称受中诏承制封拜，备置百官，列署征、镇，以荀藩为太尉，琅邪王睿为大将军。浚自领尚书令，以裴宪及其婿枣嵩为

礼其使，谢而绝之。

时虎年十七，残忍无度，为军中患。勒白母曰：『此儿凶暴无赖，使军人杀之，声名可惜，不若自除之。』母曰：『快牛为犊，多能破车，汝小忍之！』及长，便弓马，勇冠当时。勒以为征虏将军，每屠城邑，鲜有遗类。然御众严而不烦，莫敢犯者，指授攻讨，所向无前，勒遂宠任之。勒攻荥阳太守李矩，矩击却之。

初，南阳王模以从事中郎索綝为冯翊太守。綝，靖之子也。模死，綝与安夷护军金城麴允、频阳令梁肃，俱奔安定。时安定太守贾疋与诸氐、羌皆送任子于汉，綝等遇之于阴密，拥还临泾，与疋谋兴复晋室，疋从之。乃共推疋为平西将军，帅众五万向长安。雍州刺史麴特、新平太守竺恢皆不降于汉，闻疋起兵，与扶风太守梁综帅众十万会之。综，肃之兄也。汉河内王粲在新丰，使其将刘雅、赵染攻新平，不克。索綝救新平，大小百战，雅等败退。中山王曜与疋等战于黄丘，曜众大败。疋遂袭汉梁州刺史彭荡仲，杀之。麴特等击破粲于新丰，粲还平阳。于是疋等兵势大振，关西胡、晋翕然响应。

阎鼎欲奉秦王业入关，据长安以号令四方；河阴令傅畅，祗之子也，亦以书劝之，鼎遂行。荀藩、刘畴、周顗、李述等，皆山东人，不欲西行，中途逃散；鼎遣兵追之，不及，杀李絙等。鼎与业自宛趣武关，遇盗于上洛，士卒败散，收其馀众，进至蓝田，使人告贾疋，疋遣兵迎之；十二月，入于雍城，使梁综将兵卫之。

周顗奔琅邪王睿，睿以顗为军谘祭酒。前骑都尉谯国桓彝亦避乱过江，见睿微弱，谓顗曰：『我以中州多故，来此求全，而单弱如此，将何以济！』既而见王导，共论世事，退，谓顗曰：『向见管夷吾，无复忧矣！』

诸名士相与登新亭游宴，周顗中坐叹曰：『风景不殊，举目有江河之异！』因相视流涕。王导愀然变色曰：『当共戮力王室，克复神州，何至作楚囚对泣邪！』众皆收泪谢之。

陈頵遗王导书曰：『中华所以倾弊者，正以取才失所，先白望而后实事，浮竞驱驰，互相贡荐，言重者先显，言轻者后叙，遂相波扇，乃至陵迟。加有庄、老之俗，倾惑朝廷，养望者为弘雅，政事者为俗人，王职不恤，法物坠丧。夫欲制远，先由近始。今宜改张，明赏信罚，拔卓茂于密县，显朱邑于桐乡，然后大业可举，中兴可冀耳。』导不能从。

刘琨长于招怀而短于抚御，一日之中，虽归者数千，而去者亦相继。琨遣子遵请兵于代公猗卢，又遣族人高阳内史希合众于中山，幽州所统代郡、上谷、广宁之民多归之，众至三万。王浚怒，遣燕相胡矩督诸军，与辽西公段疾陆眷共攻希，杀之，驱略三

郡士女而去。疾陆眷，务勿尘之子也。猗卢遣其子六修将兵助琨戍新兴。

琨牙门将邢延以碧石献琨，琨以与六修，六修复就延求之，不得，执延妻子。延怒，以所部兵袭六修，六修走，延遂以新兴附汉，请兵以攻并州。

李臻之死也，辽东附塞鲜卑素喜连、木丸津托为臻报仇，攻陷诸县，杀掠士民，屡败郡兵，连年为寇。东夷校尉封释不能讨，请与连和，连、津不从。民失业，归慕容廆者甚众，廆禀给遣还，愿留者即抚存之。

廆少子鹰扬将军翰言于廆曰：「自古有为之君，莫不尊天子以从民望，成大业。今连、津外以庞本为名，内实幸灾为乱。封使君已诛本请和，而寇暴不已。中原离乱，州师不振，辽东荒散，莫之救恤，单于不若数其罪而讨之。上则兴复辽东，下则并吞二部，忠义彰于本朝，私利归于我国，此霸王之基也。」廆笑曰：「孺子乃能及此乎！」遂帅众东击连、津，以翰为前锋，破斩之，尽并二部之众。得所掠民三千馀家，及前归廆者悉以付郡，辽东赖以复存。

封释疾病，属其孙奕于廆。释卒，廆召奕与语，说之，曰：「奇士也！」补小都督。释子冀州主簿悛、幽州参军抽来奔丧。廆见之，曰：「此家拉拉千斤犍也。」以道不通，丧不得还，皆留仕廆，廆以抽为长史，悛为参军。

王浚以妻舅崔毖为东夷校尉。毖，琰之曾孙也。

资治通鉴卷第八十八

晋纪十 起玄黓涒滩，尽昭阳作噩，凡二年。

孝怀皇帝下

永嘉六年（壬申，公元三一二年）

春，正月，汉呼延后卒，谥曰武元。

汉镇北将军靳冲、平北将军卜珝寇并州；辛未，围晋阳。

甲戌，汉主聪以司空王育、尚书令任顗女为左、右昭仪，中军大将军王彰、中书监范隆、左仆射马景女皆为夫人，右仆射朱纪女为贵妃，皆金印紫绶。聪将纳太保刘殷女，太弟乂固谏。聪以问太宰延年、太傅景，皆曰：「太保自云刘康公之后，与陛下殊源，纳之何害！」聪悦，拜殷二女英、娥为左、右贵嫔，位在昭仪上；又纳殷女孙四人皆为贵人，位次贵妃。于是六刘之宠倾后宫，聪希复出外，事皆中黄门奏决。

故新野王歆牙门将胡亢聚众于竟陵，自号楚公，寇掠荆土，以歆南蛮司马新野杜曾为竟陵太守。曾勇冠三军，能被甲游于水中。

二月，壬子朔，日有食之。

石勒筑垒于葛陂，课农造舟，将攻建业。琅邪王睿大集江南之众于寿春，以镇东长史纪瞻为扬威将军，都督诸军以讨之。

会大雨，三月不止，勒军中饥疫，死者太半，闻晋军将至，集将佐议之。右长史刁膺请先送款于睿，求扫平河朔以自赎，俟其军退，徐更图之，勒愀然长啸。中坚将军夔安请就高避水，勒曰：「将军何怯邪！」孔苌等三十馀将请各将兵，分道夜攻寿春，斩吴将头，据其城，食其粟。要以今年破丹阳，定江南。勒笑曰：「是勇将之计也！」各赐铠马一匹。顾谓张宾曰：「于君意何如？」宾曰：「将军攻陷京师，囚执天子，杀害王公，妻略妃主。擢将军之发，不足以数将军之罪，奈何复相臣奉乎！去年既杀王弥，不当来此；今天降霖雨于数百里中，示将军不应留此也。邺有三台之固，西接平阳，山河四塞，宜北徙据之，以经营河北，河北既定，天下无处将军之右者矣。晋之保寿春，畏将军往攻之耳。彼闻吾去，喜于自全，何暇追袭吾后，为吾不利邪！将军宜使辎重从北道先发，将军引大兵向寿春。辎重既远，大兵徐还，何忧进退无地乎？」勒攘袂鼓髯曰：「张君计是也！」责刁膺曰：「君既相辅佐，当共成大功，奈何遽劝孤降！此策应斩！然素知君怯，特相宥耳。」于是黜膺为将军，擢宾为右长史，号曰「右侯」。

勒引兵发葛陂，遣石虎帅骑二千向寿春，遇晋运船，虎将士争取之，为纪瞻所败。瞻追奔百里，前及勒军，勒结陈待之；瞻不敢击，退还寿春。

汉主聪封帝为会稽郡公，加仪同三司。聪从容谓帝曰：『卿昔为豫章王，朕与王武子造卿，武子称朕于卿，卿言闻其名久矣，赠朕柘弓银研，卿颇记否？』帝曰：『臣安敢忘之？但恨尔日不早识龙颜！』聪曰：『卿家骨肉何相残如此？』帝曰：『大汉将应天受命，故为陛下自相驱除，此殆天意，非人事也！且臣家若能奉武皇帝之业，九族敦睦，陛下何由得之！』聪喜，以小刘贵人妻帝，曰：『此名公之孙也，卿善遇之。』

代公猗卢遣兵救晋阳，三月，乙未，汉兵败走。卜珝之卒先奔，靳冲擅收珝，斩之；聪大怒，遣使持节斩冲。

聪纳其舅子辅汉将军张寔二女徽光、丽光为贵人，太后张氏之意也。

凉州主簿马鲂说张轨：『宜命将出师，翼戴帝室。』轨从之，驰檄关中，共尊辅秦王，且言：『今遣前锋督护宋配帅步骑二万，径趋长安；西中郎将寔帅中军三万，武威太守张琠帅胡骑二万，络绎继发。』

夏，四月，丙寅，征南将军山简卒。

汉主聪封其子敷为渤海王，骥为济南王，鸾为燕王，鸿为楚王，劢为齐王，权为秦王，操为魏王，持为赵王。

聪以鱼蟹不供，斩左都水使者襄陵王摅；作温明、徽光二殿未成，斩将作大匠望都公靳陵。观渔于汾水，昏夜不归。中军大将军王彰谏曰：『比观陛下所为，臣实痛心疾首。今愚民归汉之志未专，思晋之心犹甚；刘琨咫尺，刺客纵横。帝王轻出，一夫敌耳。愿陛下改往修来，则亿兆幸甚！』聪大怒，命斩之。王夫人叩头乞哀，乃囚之。太后张氏以聪刑罚过差，三日不食；太弟乂、单于粲舆榇切谏。聪怒曰：『吾岂桀、纣，而汝辈生来哭人！』太宰延年、太保殷等公卿、列侯百馀人，皆免冠涕泣曰：『陛下功高德厚，旷世少比，往也唐、虞，今则陛下。而顷来以小小不供，亟斩王公；直言忤旨，遽囚大将。此臣等窃所未解，故相与忧之，忘寝与食。』聪慨然曰：『朕昨大醉，非其本心，微公等言之，朕不闻过。』各赐帛百匹，使侍中持节赦彰曰：『先帝赖君如左右手，君著勋再世，朕敢忘之！此段之过，希君荡然。君能尽怀忧国，朕所望也。今进君骠骑将军、定襄郡公，后有不逮，幸数匡之！』

王弥既死，汉安北将军赵固、平北将军王桑恐为石勒所并，欲引兵归平阳。军中乏粮，士卒相食，乃自硖硗津西渡，攻掠河北郡县。刘琨以其兄子演为魏郡太守，镇邺，固、桑恐演邀之，遣长史临深为质于琨。琨以固为雍州刺史，桑为豫州刺史。

贾疋等围长安数月，汉中山王曜连战皆败，驱掠士女八万馀口，奔于平阳。秦王业自雍入于长安。五月，汉主聪贬曜为龙骧大将军，行大司马。聪使河内王粲攻傅祗于三

渚，右将军刘参攻郭默于怀；会祗病薨，城陷，粲迁祗子孙并其士民二万馀户于平阳。

六月，汉主聪欲立贵嫔刘英为皇后。张太后欲立贵人张徽光，聪不得已，许之。英寻卒。

汉大昌文献公刘殷卒。殷为相，不犯颜忤旨，然因事进规，补益甚多。汉主聪每与群臣议政事，殷无所是非；群臣出，殷独留，为聪敷畅条理，商榷事宜，聪未尝不从之。殷常戒子孙曰：「事君当务几谏。凡人尚不可面斥其过，况万乘乎！夫几谏之功，无异犯颜，但不彰君之过，所以为优耳。」官至侍中、太保、录尚书，赐剑履上殿、入朝不趋、乘舆入殿。然殷在公卿间，常恂恂有卑让之色，故能处骄暴之国，保其富贵，不失令名，以寿考自终。

汉主聪以河间王易为车骑将军，彭城王翼为卫将军，并典兵宿卫。高平王悝为征南将军，镇离石；济南王骥为征西将军，筑西平城以居之；魏王操为征东将军，镇蒲子。

赵固、王桑自怀求迎于汉，汉主聪遣镇远将军梁伏疵将兵迎之。未至，长史临深、将军牟穆帅众一万叛归刘演。固随疵而西，桑引其众东奔青州，固遣兵追杀之于曲梁，桑将张凤帅其馀众归演。聪以固为荆州刺史、领河南太守，镇洛阳。

石勒自葛陂北行，所过皆坚壁清野，虏掠无所获，军中饥甚，士卒相食。至东燕，闻汲郡向冰聚众数千壁枋头，勒将济河，恐冰邀之。张宾曰：「闻冰船尽在渎中未上，宜遣轻兵间道袭取，以济大军，大军既济，冰必可擒也。」秋，七月，勒使支雄、孔苌自文石津缚筏潜渡，取其船。勒引兵自棘津济河，击冰，大破之，尽得其资储，军势复振，遂长驱至邺。刘演保三台以自固，临深、牟穆等复帅其众降于勒。

诸将欲攻三台，张宾曰：「演虽弱，众犹数千，三台险固，攻之未易猝拔。舍而去之，彼将自溃。方今王彭祖、刘越石，公之大敌也，宜先取之，演不足顾也。且天下饥乱，明公虽拥大兵，游行羁旅，人无定志，非所以保万全、制四方也。不若择便地而据之，广聚粮储，西禀平阳以图幽、并，此霸王之业也。邯郸、襄国，形胜之地，请择一而都之。」勒曰：「右侯之计是也。」遂进据襄国。

宾复言于勒曰：「今吾居此，彭祖、越石所深忌也，恐城堑未固，资储未广，二寇交至。宜亟收野谷，且遣使至平阳，具陈镇此之意。」勒从之，分命诸将攻冀州，郡县壁垒多降，运其谷以输襄国；且表于汉主聪，聪以勒为都督冀、幽、并、营四州诸军事、冀州牧，进封上党公。

刘琨移檄州郡，期以十月会平阳，击汉。琨素奢豪，喜声色。河南徐润以音律得幸于琨，琨以为晋阳令。润骄恣，干预政事。护军令狐盛数以为言，且劝琨杀之，琨不

十二月，汉主聪立皇后张氏，以其父寔为左光禄大夫。

彭仲荡之子天护帅群胡攻贾疋，天护阳不胜而走，疋追之，夜坠涧中，天护执而杀之。汉以天护为凉州刺史。众推始平太守麹允领雍州刺史。阎鼎与京兆太守梁综争权，鼎遂杀综。麹允与抚夷护军索綝、冯翊太守梁肃合兵攻鼎，鼎出奔雍，为氐窦首所杀。

广平游纶、张豺拥众数万，据苑乡，受王浚假署；石勒遣夔安、支雄等七将攻之，破其外垒。浚遣督护王昌帅诸军及辽西公段疾陆眷、疾陆眷弟匹磾、文鸯、从弟末柸部众五万攻勒于襄国。

疾陆眷屯于渚阳，勒遣诸将出战，皆为疾陆眷所败。疾陆眷大造攻具，将攻城，勒众甚惧。勒召将佐谋之曰：「今城堑未固，粮储不多，彼众我寡，外无救援，吾欲悉众与之决战，何如？」诸将皆曰：「不如坚守以疲敌，待其退而击之。」张宾、孔苌曰：「鲜卑之种，段氏最为勇悍，而末柸尤甚，其锐卒皆在末柸所。今闻疾陆眷刻日攻北城，其大众远来，战斗连日，谓我孤弱，不敢出战，意必懈惰；宜且勿出，示之以怯，凿北城为突门二十馀道，俟其来至，列守未定，出其不意，直冲末柸帐，彼必震骇，不暇为计，破之必矣。末柸败，则其馀不攻而溃矣。」勒从之，密为突门。既而疾陆眷攻北城，勒登城望之，见其将士或释仗而寝，乃命孔苌督锐卒自突门出击之，城上鼓噪以助其势。苌攻末柸帐，不能克而退。末柸逐之，入其垒门，为勒众所获。疾陆眷等军皆退走。苌乘胜追击，枕尸三十馀里，获铠马五千匹。疾陆眷收其馀众，还屯渚阳。

勒质末柸，遣使求和于疾陆眷，疾陆眷许之。文鸯谏曰：「今以末柸一人之故而纵垂亡之虏，得无为王彭祖所怨，招后患乎！」疾陆眷不从，复以铠马金银赂勒，且以末柸三弟为质而请末柸。诸将皆劝勒杀末柸，勒曰：「辽西鲜卑健国也，与我素无仇雠，为王浚所使耳。今杀一人而结一国之怨，非计也。归之，必深德我，不复为浚用矣。」乃厚以金帛报之，遣石虎与疾陆眷盟于渚阳，结为兄弟。疾陆眷引归，王昌等不能独留，亦引兵还蓟。勒召末柸，与之燕饮，誓为父子，遣还辽西。末柸在涂，日南向而拜者三。由是段氏专心附勒，王浚之势遂衰。

游纶、张豺请降于勒。勒攻信都，杀冀州刺史王象。浚复以邵举行冀州刺史，保信都。

是岁大疫。

王澄少与兄衍名冠海内。刘琨谓澄曰：「卿形虽散朗，而内实动侠，以此处世，难得其死。」及在荆州，悦成都内史王机，谓为己亚，使之内综心膂，外为爪牙。澄屡为杜弢所败，望实俱损，犹傲然自得，无忧惧之意，但与机日夜纵酒博弈，由是上下离

从。润谮盛于琨，琨收盛，杀之。琨母曰：『汝不能驾御豪杰以恢远略，而专除胜己，祸必及我。』

盛子泥奔汉，具言虚实。汉主聪大喜，遣河内王粲、中山王曜将兵寇并州，以令狐泥为乡导。琨闻之，东出，收兵于常山及中山，使其将郝诜、张乔将兵拒粲，且遣使求救于代公猗卢。诜、乔俱败死。粲、曜乘虚袭晋阳，太原太守高乔、并州别驾郝聿以晋阳降汉。八月，庚戌，琨还救晋阳，不及，帅左右数十骑奔常山。辛亥，粲、曜入晋阳。壬子，令狐泥杀琨父母。

粲、曜送尚书卢志、侍中许遐、太子右卫率崔玮于平阳。聪复以曜为车骑大将军，以前将军刘丰为并州刺史，镇晋阳。九月，聪以卢志为太弟太师，崔玮为太傅，许遐为太保，高乔、令狐泥皆为武卫将军。

己卯，汉卫尉梁芬奔长安。

辛巳，贾疋等奉秦王业为皇太子，建行台于长安，登坛告类，建宗庙、社稷，大赦。以阎鼎为太子詹事，总摄百揆；加贾疋征西大将军，以秦州刺史南阳王保为大司马。命司空荀藩督摄远近，光禄大夫荀组领司隶校尉、行豫州刺史，与藩共保开封。

秦州刺史裴苞据险以拒凉州兵，张寔、宋配等击破之，苞奔柔凶坞。

冬，十月，汉主聪封其子恒为代王，逞为吴王，朗为颍川王，皋为零陵王，旭为丹阳王，京为蜀王，坦为九江王，晃为临川王；以王育为太保，王彰为太尉，任顗为司徒，马景为司空，朱纪为尚书令，范隆为左仆射，呼延晏为右仆射。

代公猗卢遣其子六修及兄子普根、将军卫雄、范班、箕澹帅众数万为前锋以攻晋阳，猗卢自帅众二十万继之，刘琨收散卒数千为之乡导。六修与汉中山王曜战于汾东，曜兵败，坠马，中七创。讨虏将军傅虎以马授曜，曜不受，曰：『卿当乘以自免，吾创已重，自分死此。』虎泣曰：『虎蒙大王识拔至此，常思效命，今其时矣。且汉室初基，天下可无虎，不可无大王也！』乃扶曜上马，驱令渡汾，自还战死。曜入晋阳，夜，与大将军粲、镇北大将军丰掠晋阳之民，逾蒙山而归。十一月，猗卢追之，战于蓝谷，汉兵大败，擒刘丰，斩邢延等三千馀级，伏尸数百里。猗卢因大猎寿阳山，陈阅皮肉，山为之赤。刘琨自营门步入拜谢，固请进军。猗卢曰：『吾不早来，致卿父母见害，诚以相愧。今卿已复州境，吾远来，士马疲弊，且待后举，刘聪未可灭也。』遗琨马、牛、羊各千馀匹，车百乘而还，留其将箕澹、段繁等戍晋阳。

琨徙居阳曲，招集亡散。卢谌为刘粲参军，亡归琨，汉人杀其父志及弟谧、诜。赠傅虎幽州刺史。

心；南平太守应詹屡谏，不听。

澄自出军击杜弢，军于作塘。故山简参军王冲拥众迎应詹为刺史，詹以冲无赖，弃之，还南平，冲乃自称刺史。澄惧，使其将杜蕤守江陵，徙治孱陵，寻又奔沓中。别驾郭舒谏曰：「使君临州虽无异政，然一州人心所系，今西收华容之兵，足以擒此小丑，奈何自弃，遽为奔亡乎！」澄不从，欲将舒东下。舒曰：「舒为万里纪纲，不能匡正，令使君奔亡，诚不忍渡江。」乃留屯沌口。琅邪王睿闻之，召澄为军谘祭酒，以军谘祭酒周顗代之，澄乃赴召。

顗始至州，建平流民傅密等叛迎杜弢，弢别将王真袭沔阳，顗狼狈失据。征讨都督王敦遣武昌太守陶侃、寻阳太守周访、历阳内史甘卓共击弢，敦进屯豫章，为诸军继援。

王澄过诣敦，自以名声素出敦右，犹以旧意侮敦。敦怒，诬其与杜弢通信，遣壮士扼杀之。王机闻澄死，惧祸，以其父毅、兄矩皆尝为广州刺史，就敦求广州，敦不许。会广州将温邵等叛刺史郭讷，迎机为刺史，机遂将奴客门生千馀人入广州。讷遣兵拒之，将士皆机父兄时部曲，不战迎降，讷乃避位，以州授之。

王如军中饥乏，官军讨之，其党多降；如计穷，遂降于王敦。

镇东军司顾荣、前太子洗马卫玠皆卒。玠，瓘之孙也，美风神，善清谈；常以为人有不及，可以情恕，非意相干，可以理遣，故终身不见喜愠之色。

江阳太守张启，杀行益州刺史王异而代之。启，翼之孙也，寻病卒。三府文武共表涪陵太守向沈行西夷校尉，南保涪陵。

南安赤亭羌姚弋仲东徙榆眉，戎、夏襁负随之者数万；自称护羌校尉、雍州刺史、扶风公。

孝愍皇帝上

建兴元年（癸酉，公元三一三年）

春，正月，丁丑朔，汉主聪宴群臣于光极殿，使怀帝著青衣行酒。庾珉、王儁等不胜悲愤，因号哭；聪恶之。有告珉等谋以平阳应刘琨者，二月，丁未，聪杀珉、儁等故晋臣十馀人，怀帝亦遇害。大赦，复以会稽刘夫人为贵人。

荀崧曰：怀帝天姿清劭，少著英猷，若遇承平，足为守文佳主。而继惠帝扰乱之后，东海专政，故无幽、厉之衅而有流亡之祸矣！

乙亥，汉太后张氏卒，谥曰光献。张后不胜哀，丁丑，亦卒，谥曰武孝。

己卯，汉定襄忠穆公王彰卒。

三月，汉主聪立贵嫔刘娥为皇后，为之起䳄仪殿。廷尉陈元达切谏，以为：「天生民而树之君，使司牧之，非以兆民之命，穷一人之欲也。晋氏失德，大汉受之，苍生引领，庶几息肩。是以光文皇帝身衣大布，居无重茵，后妃不衣锦绮，乘舆马不食粟，爱民故也。陛下践阼以来，已作殿观四十馀所，加之军旅数兴，馈运不息，饥馑、疾疫，死亡相继，而益思营缮，岂为民父母之意乎！今有晋遗类，西据关中，南擅江表；李雄奄有巴、蜀；王浚、刘琨窥窬肘腋；石勒、曹嶷贡禀渐疏。陛下释此不忧，乃更为中宫作殿，岂目前之所急乎！昔太宗居治安之世，粟帛流衍，犹爱百金之费，息露台之役。陛下承荒乱之馀，所有之地，不过太宗之二郡，战守之备，非特匈奴、南越而已。而宫室之侈乃至于此，臣所以不敢不冒死而言也。」聪大怒曰：「朕为天子，营一殿，何问汝鼠子乎，乃敢妄言沮众！不杀此鼠子，朕殿不成！」命左右：「曳出斩之！并其妻子同枭首东市，使群鼠共穴！」时聪在逍遥园李中堂，元达先锁腰而入，即以锁锁堂下树，呼曰：「臣所言者，社稷之计，而陛下杀臣。朱云有言：『臣得与龙逢、比干游，足矣！』」左右曳之不能动。

大司徒任顗、光禄大夫朱纪、范隆、骠骑大将军河间王易等叩头出血曰：「元达为先帝所知，受命之初，即引置门下，尽忠竭虑，知无不言。臣等窃禄偷安，每见之未尝不发愧。今所言虽狂直，愿陛下容之。因谏诤而斩列卿，其如后世何！」聪默然。

刘后闻之，密敕左右停刑，手疏上言：「今宫室已备，无烦更营，四海未壹，宜爱民力。廷尉之言，社稷之福也，陛下宜加封赏；而更诛之，四海谓陛下何如哉！夫忠臣进谏者固不顾其身也，而人主拒谏者亦不顾其身也。陛下为妾营殿而杀谏臣，使忠良结舌者由妾，远近怨怒者由妾，公私困弊者由妾，社稷阽危者由妾，天下之罪皆萃于妾，妾何以当之！妾观自古败国丧家，未始不由妇人，心常疾之。不意今日身自为之，使后世视妾由妾之视昔人也！妾诚无面目复奉巾栉，愿赐死此堂，以塞陛下之过！」聪览之变色。

任顗等叩头流涕不已。聪徐曰：「朕比年已来，微得风疾，喜怒过差，不复自制。元达，忠臣也。朕未之察。诸公乃能破首明之，诚得辅弼之义也。朕愧戢于心，何敢忘之！」命顗等冠履就坐，引元达上，以刘氏表示之，曰：「外辅如公，内辅如后，朕复何忧！」赐顗等谷帛各有差，更命逍遥园曰纳贤园，李中堂曰愧贤堂。聪谓元达曰：「卿当畏朕，而反使朕畏卿邪！」

西夷校尉向沈卒，众推汶山太守兰维为西夷校尉。维帅吏民北出，欲向巴东。成将

李恭、费黑邀击，获之。

夏，四月，丙午，怀帝凶问至长安，皇太子举哀，因加元服。壬申，即皇帝位，大赦，改元。以卫将军梁芬为司徒，雍州刺史麹允为尚书左仆射、录尚书事，京兆太守索綝为尚书右仆射、领吏部、京兆尹。是时长安城中，户不盈百，蒿棘成林；公私有车四乘，百官无章服、印绶，唯桑版署号而已。寻以索綝为卫将军、领太尉，军国之事，悉以委之。

汉中山王曜、司隶校尉乔智明寇长安，平西将军赵染帅众赴之；诏麹允屯黄白城以拒之。

石勒使石虎攻邺，邺溃，刘演奔廪丘，三台流民皆降于勒。勒以桃豹为魏郡太守以抚之；久之，以石虎代豹镇邺。

初，刘琨用陈留太守焦求为兖州刺史，荀藩又用李述为兖州刺史；述欲攻求，琨召求还。及邺城失守，琨复以刘演为兖州刺史，镇廪丘。前中书侍郎郗鉴，少以清节著名，帅高平千馀家避乱保峄山，琅邪王睿就用鉴为兖州刺史，镇邹山。三人各屯一郡，兖州吏民莫知所从。

琅邪王睿以前庐江内史华谭为军咨祭酒。谭尝在寿春依周馥。睿谓谭曰：「周祖宣何故反？」谭曰：「周馥虽死，天下尚有直言之士。馥见寇贼滋蔓，欲移都以纾国难，执政不悦，兴兵讨之，馥死未逾时而洛都沦没。若谓之反，不亦诬乎！」睿曰：「馥位为征镇，握强兵，召之不入，危而不持，亦天下之罪人也。」谭曰：「然，危而不持，当与天下共受其责，非但馥也。」

睿参佐多避事自逸，录事参军陈頵言于睿曰：「洛中承平之时，朝士以小心恭恪为凡俗，以偃蹇倨肆为优雅，流风相染，以至败国。今僚属皆承西台馀弊，养望自高，是前车已覆而后车又将寻之也。请自今临使称疾者，皆免官。」睿不从。三王之诛赵王伦也，制《己亥格》以赏功，自是循而用之。頵上言：「昔赵王篡逆，惠皇失位，三王起兵讨之，故厚赏以怀向义之心。今功无大小，皆以格断，乃至金紫佩士卒之身，符策委仆隶之门，非所以重名器，正纲纪也，请一切停之！」頵出于寒微，数为正论，府中多恶之，出頵为谯郡太守。

吴兴太守周玘，宗族强盛，琅邪王睿颇疑惮之。睿左右用事者，多中州亡官失守之士，驾御吴人，吴人颇怨。玘自以失职，又为刁协所轻，耻恚愈甚，乃阴与其党谋诛执政，以诸南士代之。事泄，玘忧愤而卒；将死，谓其子勰曰：「杀我者，诸伧子也；能复之，乃吾子也。」

石勒攻李恽于上白，斩之。王浚复以薄盛为青州刺史。

王浚使枣嵩督诸军屯易水，召段疾陆眷，欲与之共击石勒。疾陆眷不至，浚怒，以重币赂拓跋猗卢，并檄慕容廆等共讨疾陆眷。猗卢遣右贤王六修将兵会之，为疾陆眷所败。廆遣慕容翰攻段氏，取徒河、新城，至阳乐，闻六修败而还，翰因留镇徒河，壁青山。

初，中国士民避乱者，多北依王浚，浚不能存抚，又政法不立，士民往往复去之。段氏兄弟专尚武勇，不礼士大夫。唯慕容廆政事修明，爱重人物，故士民多归之。廆举其英俊，随才授任，以河东裴嶷、北平阳耽、庐江黄泓、代郡鲁昌为谋主，广平游邃、北海逄羡、北平西方虔、西河宋奭及封抽、裴开为股肱，平原宋该、安定皇甫岌、岌弟真、兰陵缪恺、昌黎刘斌及封奕、封裕典机要。裕，抽之子也。

裴嶷清方有干略，为昌黎太守，兄武为玄菟太守。武卒，嶷与武子开以其丧归，过廆，廆敬礼之，及去，厚加资送。行及辽西，道不通，嶷欲还就廆。开曰：「乡里在南，奈何北行！且等为流寓，段氏强，慕容氏弱，何必去此而就彼也！」嶷曰：「中国丧乱，今往就之，是相帅而入虎口也。且道远，何由可达！若俟其清通，又非岁月可冀。今欲求托足之地，岂可不慎择其人。汝观诸段，岂有远略，且能待国士乎！慕容公修行仁义，有霸王之志，加以国丰民安，今往从之，高可以立功名，下可以庇宗族，汝何疑焉！」开乃从之。既至，廆大喜。阳耽清直沈敏，为辽西太守。慕容翰破段氏于阳乐，获之，廆礼而用之。游邃、逄羡、宋奭，皆尝为昌黎太守，与黄泓俱避地于蓟，后归廆。王浚屡以手书召邃兄畅，畅欲赴之，邃曰：「彭祖刑政不修，华、戎离叛。以邃度之，必不能久，兄且盘桓以俟之。」畅曰：「彭祖忍而多疑，顷者流民北来，命所在追杀之。今手书殷勤，我稽留不往，将累及卿。且乱世宗族宜分，以冀遗种。」邃从之，卒与浚俱没。宋该与平原杜群、刘翔先依王浚，又依段氏，皆以为不足托，帅诸流寓同归于廆。东夷校尉崔毖请皇甫岌为长史，卑辞说谕，终莫能致；廆招之，岌与弟真即时俱至。辽东张统据乐浪、带方二郡，与高句丽王乙弗利相攻，连年不解。乐浪王遵说统帅其民千馀家归廆，廆为之置乐浪郡，以统为太守，遵参军事。

王如馀党涪陵李运、巴西王建等自襄阳将三千馀家入汉中，梁州刺史张光遣参军晋邈将兵拒之。邈受运、建赂，劝光纳其降，光从之，使居成固。既而邈见运、建及其徒多珍宝，欲尽取之，复说光曰：「运、建之徒，不修农事，专治器仗，其意难测，不如悉掩杀之。不然，必为乱。」光又从之。五月，邈将兵攻运、建，杀之。建婿杨虎收馀众击光，屯于厄水；光遣其子孟苌讨之，不克。

壬辰，以琅邪王睿为左丞相、大都督，督陕东诸军事；南阳王保为右丞相、大都督，督陕西诸军事。诏曰：「今当扫除鲸鲵，奉迎梓宫。令幽、并两州勒卒三十万直造平阳，右丞相宜帅秦、凉、梁、雍之师三十万径诣长安，左丞相帅所领精兵二十万径造洛阳，同赴大期，克成元勋。」

汉中山王曜屯蒲坂。

石勒使孔苌击定陵，杀田徽；薄盛帅所部降勒，山东郡县，相继为勒所取。汉主聪以勒为侍中、征东大将军。乌桓亦叛王浚，潜附于勒。

六月，刘琨与代公猗卢会于陉北，谋击汉。秋，七月，琨进据蓝谷，猗卢遣拓跋普根屯于北屈。琨遣监军韩据自西河而南，将攻西平。汉主聪遣大将军粲等拒琨，骠骑将军易等拒普根，荡晋将军兰阳等助守西平。琨等闻之，引兵还。聪使诸军仍屯所在，为进取之计。

帝遣殿中都尉刘蜀诏左丞相睿以时进军，与乘舆会於中原。八月，癸亥，蜀至建康，睿辞以方平定江东，未暇北伐。以镇东长史刁协为丞相左长史，从事中郎彭城刘隗为司直，邵陵内史广陵戴邈为军咨祭酒，参军丹阳张闿为从事中郎，尚书郎颍川钟雅为记室参军，谯国桓宣为舍人，豫章熊远为主簿，会稽孔愉为掾。刘隗雅习文史，善伺候睿意，故睿特亲爱之。熊远上书，以为：「军兴以来，处事不用律令，竞作新意，临事立制，朝作夕改，至于主者不敢任法，每辄关谘，非为政之体也。愚谓凡为驳议者，皆当引律令、经传，不得直以情言，无所依准，以亏旧典。若开塞随宜，权道制物，此是人君之所得行，非臣子所宜专用也。」睿以时方多事，不能从。

初，范阳祖逖，少有大志，与刘琨俱为司州主簿，同寝，中夜闻鸡鸣，蹴琨觉曰：「此非恶声也！」因起舞。及渡江，左丞相睿以为军咨祭酒。逖居京口，纠合骁健，言于睿曰：「晋室之乱，非上无道而下怨叛也，由宗室争权，自相鱼肉，遂使戎狄乘隙，毒流中土。今遗民既遭残贼，人思自奋，大王诚能命将出师，使如逖者统之以复中原，郡国豪杰，必有望风响应者矣！」睿素无北伐之志，以逖为奋威将军、豫州刺史，给千人廪，布三千匹，不给铠仗，使自召募。逖将其部曲百馀家渡江，中流，击楫而誓曰：「祖逖不能清中原而复济者，有如大江！」遂屯淮阴，起冶铸兵，募得二千馀人而后进。

胡亢性猜忌，杀其骁将数人。杜曾惧，潜引王冲之兵使攻亢。亢悉精兵出拒之，城中空虚，曾因杀亢而并其众。

周顗屯浔水城，为杜弢所困；陶侃使明威将军朱伺救之，弢退保泠口。侃曰：「弢必步向武昌。」乃自径道还郡以待之，弢果来攻。侃使朱伺逆击，大破之，弢遁归长沙。

周顗出浔水投王敦于豫章，敦留之。陶侃使参军王贡告捷于敦，敦曰：「若无陶侯，便失荆州矣！」乃表侃为荆州刺史，屯沔江。左丞相睿召周顗，复以为军谘祭酒。

初，氐王杨茂搜之子难敌，遣养子贩易于梁州，私卖良人子一人，张光鞭杀之。难敌怨曰：「使君初来，大荒之后，兵民之命仰我氐活，氐有小罪，不能贳也？」及光与杨虎相攻，各求救于茂搜，茂搜遣难敌救光。难敌求货于光，光不与。杨虎厚赂难敌，且曰：「流民珍货，悉在光所，今伐我，不如伐光。」难敌大喜。光与虎战，使张孟苌居前，难敌继后。难敌与虎夹击孟苌，大破之，孟苌及其弟援皆死。光婴城自守。九月，光愤激成疾，僚属劝光退据魏兴。光按剑曰：「吾受国重任，不能讨贼，今得死如登仙，何谓退也！」声绝而卒。州人推其少子迈领州事，又与氐战没，众推始平太守胡子序领梁州。

荀藩薨于开封。

汉中山王曜、赵染攻麹允于黄白城，允累战皆败，诏以索綝为征东大将军，将兵助允。

王贡自王敦所还，至竟陵，矫陶侃之命，以杜曾为前锋大都督，击王冲，斩之，悉降其众。侃召曾，曾不至。贡恐以矫命获罪，遂与曾反击侃。冬，十月，侃兵大败，仅以身免。敦表侃以白衣领职。侃复帅周访等进攻杜弢，大破之，敦乃奏复侃官。

汉赵染谓中山王曜曰：「麹允帅大众在外，长安空虚，可袭也。」曜使染帅精骑五千袭长安，庚寅夜，入外城。帝奔射雁楼。染焚龙尾及诸营，杀掠千馀人；辛卯旦，退屯逍遥园。壬辰，将军麹鉴自阿城帅众五千救长安。癸巳，染引还，鉴追之，与曜遇于零武，鉴兵大败。

杨虎、杨难敌急攻梁州，胡子序弃城走，难敌自称刺史。

汉中山王曜恃胜而不设备。十一月，麹允引兵袭之，汉兵大败，杀其冠军将军乔智明；曜引归平阳。

王浚以其父字处道，自谓应「当涂高」之谶，谋称尊号。前勃海太守刘亮、北海太守王抟、司空掾高柔切谏，浚皆杀之。燕国霍原，志节清高，屡辞征辟。浚以尊号事问之，原不答。浚诬原与群盗通，杀而枭其首。于是士民骇怨，而浚矜豪日甚，不亲政事，所任皆苛刻小人，枣嵩、朱硕，贪横尤甚。北州谣曰：「府中赫赫，朱丘伯；十囊、五囊，入枣郎。」调发殷烦，下不堪命，多叛入鲜卑。从事韩咸监护柳城，盛称慕容廆能接纳士民，欲以讽浚。浚怒，杀之。

浚始者唯恃鲜卑、乌桓以为强，既而皆叛之。加以蝗旱连年，兵势益弱。石勒欲袭

之，未知虚实，将遣使觇之，参佐请用羊祜、陆抗故事，致书于浚。勒以问张宾，宾曰：「浚名为晋臣，实欲废晋自立，但患四海英雄莫之从耳；其欲得将军，犹项羽之欲得韩信也。将军威振天下，今卑辞厚礼，折节事之，犹惧不信，况为羊、陆之亢敌乎！夫谋人而使人觉其情，难以得志矣。」勒曰：「善！」十二月，勒遣舍人王子春、董肇多赍珍宝，奉表于浚曰：「勒本小胡，遭世饥乱，流离屯厄，窜命冀州，窃相保聚以救性命。今晋祚沦夷，中原无主；殿下州乡贵望，四海所宗，为帝王者，非公复谁！勒所以捐躯起兵，诛讨暴乱者，正为殿下驱除尔。伏愿殿下应天顺人，早登皇祚。勒奉戴殿下如天地父母，殿下察勒微心，亦当视之如子也。」又遗枣嵩书，厚赂之。

浚以段疾陆眷新叛，士民多弃己去，闻勒欲附之，甚喜，谓子春曰：「石公一时豪杰，据有赵、魏，乃欲称藩于孤，其可信乎？」子春曰：「石将军才力强盛，诚如圣旨。但以殿下中州贵望，威行夷、夏，自古胡人为辅佐名臣则有矣，未有为帝王者也。石将军非恶帝王不为而让于殿下，顾以帝王自有历数，非智力之所取，虽强取之，必不为天人之所与故也。项羽虽强，终为汉有。石将军之比殿下，犹阴精之与太阳，是以远鉴前事，归身殿下，此乃石将军之明识所以远过于人也，殿下又何怪乎！」浚大悦，封子春、肇皆为列侯，遣使报聘，以厚币酬之。

游纶兄统，为浚司马，镇范阳，遣使私附于勒；勒斩其使以送浚。浚虽不罪统，益信勒为忠诚，无复疑矣。

是岁，左丞相睿遣世子绍镇广陵，以丞相掾蔡谟为参军。谟，克之子也。

汉中山王曜围河南尹魏浚于石梁，兖州刺史刘演、河内太守郭默遣兵救之，曜分兵逆战于河北，败之；浚夜走，获而杀之。

代公猗卢城盛乐以为北都，治故平城为南都；又作新平城于㶟水之阳，使右贤王六修镇之，统领南部。

资治通鉴卷第八十九

晋纪十一 起阏逢阉茂，尽柔兆困敦，凡三年。

孝愍皇帝下

建兴二年（甲戌，公元三一四年）

春，正月，辛未，有如日陨于地；又有三日相承，出西方而东行。

丁丑，大赦。

有流星出牵牛，入紫微，光烛地，坠于平阳北，化为肉，长三十步，广二十七步。汉主聪恶之，以问公卿。陈元达以为：「女宠太盛，亡国之征。」聪曰：「此阴阳之理，何关人事！」聪后刘氏贤明，聪所为不道，刘氏每规正之。己丑，刘氏卒，谥曰武宣。自是嬖宠竞进，后宫无序矣。

聪置丞相等七公；又置辅汉等十六大将军，各配兵二千，以诸子为之；又置左右司隶，各领户二十馀万，万户置一内史；单于左右辅，各主六夷十万落，万落置一都尉；左、右选曹尚书，并典选举。自司隶以下六官，皆位亚仆射。以其子粲为丞相、领大将军、录尚书事，进封晋王。江都王延年录尚书六条事，汝阴王景为太师，王育为太傅，任顗为太保，马景为大司徒，朱纪为大司空，中山王曜为大司马。

壬辰，王子春等及王浚使者至襄国，石勒匿其劲卒、精甲，羸师虚府以示之，北面拜使者而受书。浚遗勒麈尾，勒阳不敢执，悬之于壁，朝夕拜之，曰：「我不得见王公，见其所赐，如见公也。」复遣董肇奉表于浚，期以三月中旬亲诣幽州奉上尊号；亦修笺于枣嵩，求并州牧、广平公。

勒问浚之政事于王子春，子春曰：「幽州去岁大水，人不粒食，浚积粟百万，不能赈赡，刑政苛酷，赋役殷烦，忠贤内离，夷狄外叛。人皆知其将亡，而浚意气自若，曾无惧心，方更置立台阁，布列百官，自谓汉高、魏武不足比也。」勒抚几笑曰：「王彭祖真可擒也。」浚使者还蓟，具言「石勒形势寡弱，款诚无二。」浚大悦，益骄怠，不复设备。

杨虎掠汉中吏民以奔成，梁州人张咸等起兵逐杨难敌。难敌去，咸以其地归成，于是汉嘉、涪陵、汉中之地皆为成有。成主雄以李凤为梁州刺史，任回为宁州刺史，李恭为荆州刺史。

雄虚己好贤，随才授任；命太傅骧养民于内，李凤等招怀于外；刑政宽简，狱无滞囚；兴学校，置史官。其赋，民男丁岁谷三斛，女丁半之，疾病又半之。户调绢不过数丈，绵数两。事少役希，民多富实，新附者皆给复除。是时天下大乱，而蜀独无事，年

谷屡熟，乃至闾门不闭，路不拾遗。汉嘉夷王冲归、朱提审炤、建宁爨量皆归之。巴郡尝告急，云有晋兵。雄曰：『吾常忧琅邪微弱，遂为石勒所灭，以为耿耿，不图乃能举兵，使人欣然。』然雄朝无仪品，爵位滥溢；吏无禄秩，取给于民；军无部伍，号令不肃；此其所短也。

二月，壬寅，以张轨为太尉、凉州牧，封西平郡公；王浚为大司马、都督幽、冀诸军事；荀组为司空、领尚书左仆射兼司隶校尉，行留台事；刘琨为大将军、都督并州诸军事。朝廷以张轨老病，拜其子寔为副刺史。

石勒纂严，将袭王浚，而犹豫未发。张宾曰：『夫袭人者，当出其不意。今军严经日而不行，岂非畏刘琨及鲜卑、乌桓为吾后患乎？』勒曰：『然。为之奈何？』宾曰：『彼三方智勇无及将军者，将军虽远出，彼必不敢动，且彼未谓将军便能悬军千里取幽州也。轻军往返，不出二旬，藉使彼虽有心，比其谋议出师，吾已还矣。且刘琨、王浚，虽同名晋臣，实为仇敌。若修笺于琨，送质请和，琨必喜我之服而快浚之亡，终不救浚而袭我也。用兵贵神速，勿后时也。』勒曰：『吾所未了，右侯已了之，吾复何疑！』

遂以火宵行，至柏人，杀主簿游纶，以其兄统在范阳，恐泄军谋故也。遣使奉笺送

质于刘琨，自陈罪恶，请讨浚以自效。琨大喜，移檄州郡，称『已与猗卢方议讨勒，勒走伏无地，求拔幽都以赎罪。今便当遣六修南袭平阳，除僭伪之逆类，降知死之逋羯。顺天副民，翼奉皇家，斯乃曩年积诚灵祐之所致也！』

三月，勒军达易水，王浚督护孙纬驰遣白浚，将勒兵拒之，游统禁之。浚将佐皆曰：『胡贪而无信，必有诡计，请击之。』浚怒曰：『石公来，正欲奉戴我耳；敢言击者斩！』众不敢复言。浚设飨以待之。壬申，勒晨至蓟，叱门者开门；犹疑有伏兵，先驱牛羊数千头，声言上礼，实欲塞诸街巷。浚始惧，或坐或起。勒既入城，纵兵大掠，浚左右请御之，浚犹不许。勒升其听事，浚乃走出堂皇，勒众执之。勒召浚妻，与之并坐，执浚立于前。浚骂曰：『胡奴调乃公，何凶逆如此！』勒曰：『公位冠元台，手握强兵，坐观本朝倾覆，曾不救援，乃欲自尊为天子，非凶逆乎！又委任奸贪，残虐百姓，贼害忠良，毒遍燕土，此谁之罪也！』使其将王洛生以五百骑先送浚于襄国。浚自投于水，束而出之，斩于襄国市。

勒杀浚麾下精兵万人，浚将佐等争诣军门谢罪，馈赂交错；前尚书裴宪、从事中郎荀绰独不至，勒召而让之曰：『王浚暴虐，孤讨而诛之，诸人皆来庆谢，二君独与之同恶，将何以逃其戮乎！』对曰：『宪等世仕晋朝，荷其荣禄，浚虽凶粗，犹是晋之藩

臣，故宪等从之，不敢有贰。明公苟不修德义，专事威刑，则宪等死自其分，又何逃乎！请就死。」不拜而出。勒召而谢之，待以客礼。绰，勖之孙也。勒数朱硕、枣嵩等以纳贿乱政，为幽州患，责游统以不忠所事，皆斩之。籍浚将佐、亲戚家赀，皆至巨万，惟裴宪、荀绰止有书百馀帙，盐米各十馀斛而已。勒曰：「吾不喜得幽州，喜得二子。」以宪为从事中郎，绰为参军。分遣流民，各还乡里。勒停蓟二日，焚浚宫殿，以故尚书燕国刘翰行幽州刺史，戍蓟，置守宰而还。孙纬遮击之，勒仅而得免。

勒至襄国，遣使奉王浚首献捷于汉，汉以勒为大都督、督陕东诸军事、骠骑大将军、东单于，增封十二郡；勒固辞，受二郡而已。

刘琨请兵于拓跋猗卢以击汉，会猗卢所部杂胡万馀家谋应石勒，猗卢悉诛之，不果赴琨约。琨知石勒无降意，乃大惧，上表曰：「东北八州，勒灭其七；先朝所授，存者惟臣。勒据襄国，与臣隔山，朝发夕至，城坞骇惧，虽怀忠愤，力不从愿耳！」

刘翰不欲从石勒，乃归段匹磾，匹磾遂据蓟城。王浚从事中郎阳裕，耽之兄子也，逃奔令支，依段疾陆眷。会稽朱左车、鲁国孔纂、泰山胡母翼自蓟逃奔昌黎，依慕容廆。是时中国流民归廆者数万家，廆以冀州人为冀阳郡，豫州人为成周郡，青州人为营丘郡，并州人为唐国郡。

初，王浚以邵续为乐陵太守，屯厌次。浚败，续附于石勒，勒以续子乂为督护。浚所署勃海太守东莱刘胤弃郡依续，谓续曰：「凡立大功，必杖大义。君，晋之忠臣，奈何从贼以自污乎！」会段匹磾以书邀续同归左丞相睿，续从之。其人皆曰：「今弃勒归匹磾，其如乂何？」续泣曰：「我岂得顾子而为叛臣哉！」杀异议者数人。勒闻之，杀乂。续遣刘胤使江东，睿以胤为参军，以续为平原太守。石勒遣兵围续，匹磾使其弟文鸯救之，勒引去。

襄国大饥，谷二升直银一斤，肉一斤直银一两。

杜弢将王真袭陶侃于休障，侃奔滠中。周访救侃，击弢兵，破之。

夏，五月，西平武穆公张轨寝疾，遗令：「文武将佐，务安百姓，上思报国，下以宁家。」己丑，轨薨。长史张玺等表世子寔摄父位。

汉中山王曜、赵染寇长安。六月，曜屯渭汭，染屯新丰，索綝将兵出拒之。染有轻綝之色，长史鲁徽曰：「晋之君臣，自知强弱不敌，将致死于我，不可轻也。」染曰：「以司马模之强，吾取之如拉朽；索綝小竖，岂能污吾马蹄、刀刃邪！」晨，帅轻骑数百逆之，曰：「要当获綝而后食。」綝与战于城西，染兵败而归，悔曰：「吾不用鲁徽之言以至此，何面目见之！」先命斩徽。徽曰：「将军愚愎以取败，乃复忌前害胜，诛

忠良以逞忿，犹有天地，将军其得死于枕席乎！』诏加索綝骠骑大将军、尚书左仆射、录尚书，承制行事。

曜、染复与将军殷凯帅众数万向长安，麹允逆战于冯翊，允败，收兵；夜，袭凯营，凯败死。曜乃还攻河内太守郭默于怀，列三屯围之。默食尽，送妻子为质，请籴于曜；籴毕，复婴城固守。曜怒，沉默妻子于河而攻之。默欲投李矩于新郑，矩使其甥郭诵迎之。兵少，不敢进。会刘琨遣参军张肇帅鲜卑五百馀骑诣长安，道阻不通，还，过矩营，矩说肇，使击汉兵。汉兵望见鲜卑，不战而走，默遂率众归矩。汉主聪召曜还屯蒲坂。

秋，赵染攻北地，麹允拒之，染中弩而死。

石勒始命州郡阅实户口，户出帛二匹，谷二斛。

冬，十月，以张寔为都督凉州诸军事、凉州刺史、西平公。

十一月，汉主聪以晋王粲为相国、大单于，总百揆。粲少有俊才，自为宰相，骄奢专恣，远贤亲佞，严刻愎谏，国人始恶之。

周勰以其父遗言，因吴人之怨，谋作乱；使吴兴功曹徐馥矫称叔父丞相从事中郎札之命，收合徒众，以讨王导、刁协，豪杰翕然附之，孙皓族人弼亦起兵于广德以应之。

三年（乙亥，公元三一五年）

春，正月，徐馥杀吴兴太守袁琇，有众数千，欲奉周札为主。札闻之，大惊，以告义兴太守孔侃。勰知札意不同，不敢发。馥党惧，攻馥，杀之；孙弼亦死。札子续亦聚众应馥，左丞相睿议发兵讨之。王导曰：『今少发兵则不足以平寇，多发兵则根本空虚。续族弟黄门侍郎莚，忠果有谋，请独使莚往，足以诛续。』睿从之。莚昼夜兼行，至郡，将入，遇续于门，谓续曰：『当与君共诣孔府君，有所论。』续不肯入，莚牵逼与俱。坐定，莚谓孔侃曰：『府君何以置贼在坐？』续衣中常置刀，即操刀逼莚，莚叱郡传教吴曾格杀之。莚因欲诛勰，札不听，委罪于从兄邵而诛之。莚不归家省母，遂长驱而去，母狼狈追之。睿以札为吴兴太守，莚为太子右卫率。以周氏吴之豪望，故不穷治，抚勰如旧。

诏平东将军宋哲屯华阴。

成主雄立后任氏。

二月，丙子，以琅邪王睿为丞相、大都督、督中外诸军事，南阳王保为相国，荀组为太尉、领豫州牧，刘琨为司空、都督并、冀、幽三州诸军事。琨辞司空不受。

南阳王模之败也，都尉陈安往归世子保于秦州，保命安将千馀人讨叛羌，宠待甚

厚。保将张春疾之，谮安，云有异志，请除之，保不许；春辄伏刺客以刺安。安被创，驰还陇城，遣使诣保，贡献不绝。

诏进拓跋猗卢爵为代王，置官属，食代、常山二郡。猗卢请并州从事雁门莫含于刘琨，琨遣之。含不欲行，琨曰：「以并州单弱，吾之不材，而能自存于胡、羯之间者，代王之力也。吾倾身竭赀，以长子为质而奉之者，庶几为朝廷雪大耻也。卿欲为忠臣，奈何惜共事之小诚，而忘徇国之大节乎？往事代王，为之腹心，乃一州之所赖也。」含遂行。猗卢甚重之，常与参大计。

猗卢用法严，国人犯法者，或举部就诛，老幼相携而行，人问：「何之？」曰：「往就死。」无一人敢逃匿者。

王敦遣陶侃、甘卓等讨杜弢，前后数十战，弢将士多死，乃请降于丞相睿，睿不许。弢遣南平太守应詹书，自陈昔与詹「共讨乐乡，本同休戚。后在湘中，惧死求生，遂相结聚。倘以旧交之情，为明枉直，使得输诚盟府，厕列义徒，或北清中原，或西取李雄，以赎前愆，虽死之日，犹生之年也！」詹为启呈其书，且言「弢，益州秀才，素有清望，为乡人所逼。今悔恶归善，宜命使抚纳，以息江、湘之民！」睿乃使前南海太守王运受弢降，赦其反逆之罪，以弢为巴东监军。弢既受命，诸将犹攻之不已。弢不胜愤怒，遂杀运复反，遣其将杜弘、张彦杀临川内史谢摛，遂陷豫章。三月，周访击彦，斩之，弘奔临贺。

汉大赦，改元建元。

雨血于汉东宫延明殿，太弟乂恶之，以问太傅崔玮、太保许遐。玮、遐说乂曰：「主上往日以殿下为太弟者，欲以安众心耳；其志在晋王久矣，王公已下莫不希旨附之。今复以晋王为相国，羽仪威重，逾于东宫，万机之事，无不由之，诸王皆置营兵以为羽翼，事势已去；殿下非徒不得立也，朝夕且有不测之危，不如早为之计。今四卫精兵不减五千，相国轻佻，正烦一刺客耳。大将军无日不出，其营可袭而取；馀王并幼，固易夺也。苟殿下有意，二万精兵指顾可得，鼓行入云龙门，宿卫之士，孰不倒戈以迎殿下者！大司马不虑其为异也。」乂弗从。东宫舍人荀裕告玮、遐劝乂谋反，汉主聪收玮、遐于诏狱，假以他事杀之。使冠威将军卜抽将兵监守东宫，禁乂不听朝会。乂忧惧不知所为，上表乞为庶人，并除诸子之封，褒美晋王，请以为嗣；抽抑而弗通。

汉青州刺史曹嶷尽得齐、鲁间郡县，自镇临菑，有众十馀万，临河置戍。石勒表称：「嶷有专据东方之志，请讨之。」汉主聪恐勒灭嶷，不可复制，弗许。

聪纳中护军靳准二女月光、月华，立月光为上皇后，刘贵妃为左皇后，月华为右皇

后。左司隶陈元达极谏，以为：『并立三后，非礼也。』聪不悦，以元达为右光禄大夫，外示优崇，实夺其权。于是太尉范隆等皆请以位让元达，聪乃复以元达为御史大夫、仪同三司。月光有秽行，元达奏之，聪不得已废之，月光惭恚自杀，聪恨元达。

夏，四月，大赦。

六月，盗发汉霸、杜二陵及薄太后陵，得金帛甚多，朝廷以用度不足，诏收其馀以实内府。

辛巳，大赦。

汉大司马曜攻上党，八月，癸亥，败刘琨之众于襄垣。曜欲进攻阳曲，汉主聪遣使谓之曰：『长安未平，宜以为先。』曜乃还屯蒲坂。

陶侃与杜弢相攻，弢使王贡出挑战，侃遥谓之曰：『杜弢为益州小吏，盗用库钱，父死不奔丧。卿本佳人，何为随之！天下宁有白头贼邪？』贡初横脚马上，闻侃言，敛容下脚。侃知可动，复遣使谕之，截发为信，贡遂降于侃。弢众溃，遁走，道死。侃与南平太守应詹进克长沙，湘州悉平。丞相睿承制赦其所部，进王敦镇东大将军，加都督江、扬、荆、湘、交、广六州诸军事、江州刺史。敦始自选置刺史以下，寖益骄横。

初，王如之降也，敦从弟稜爱如骁勇，请敦配己麾下。敦曰：『此辈险悍难畜，汝性狷急，不能容养，更成祸端。』稜固请，乃与之。稜置左右，甚加宠遇。如数与敦诸将角射争斗，稜杖之，如深以为耻。及敦潜畜异志，稜每谏之。敦怒其异己，密使人激如令杀稜。如因闲宴，请剑舞为欢，稜许之。如舞剑渐前，稜恶而呵之，如直前杀稜。敦闻之，阳惊，亦捕如诛之。

初，朝廷闻张光死，以侍中第五猗为安南将军，监荆、梁、益、宁四州诸军事、荆州刺史，自武关出。杜曾迎猗于襄阳，为兄子娶猗女，遂聚兵万人，与猗分据汉、沔。

陶侃既破杜弢，乘胜进击曾，有轻曾之志。司马鲁恬谏曰：『凡战，当先料其将。今使君诸将，无及曾者，未易可逼也。』侃不从，进围曾于石城。曾军多骑兵，密开门突侃陈，出其后，反击之，侃兵死者数百人。曾将趋顺阳，下马拜侃，告辞而去。

时荀崧都督荆州江北诸军事，屯宛，曾引兵围之。崧兵少食尽，欲求救于故吏襄城太守石览。崧小女灌，年十三，帅勇士数十人，逾城突围夜出，且战且前，遂达览所；又为崧书，求救于南中郎将周访。访遣子抚帅兵三千，与览共救崧，曾乃遁去。

曾复致笺于崧，求讨丹水贼以自效，崧许之。陶侃遗崧书曰：『杜曾凶狡，所谓「鸱枭食母之物」。此人不死，州土未宁，足下当识吾言！』崧以宛中兵少，藉曾为外援，不从。曾复帅流亡二千馀人围襄阳，数日，不克而还。

王敦嬖人吴兴钱凤，疾陶侃之功，屡毁之。侃将还江陵，欲诣敦自陈。朱伺及安定皇甫方回谏曰：「公入必不出。」侃不从。既至，敦留侃不遣，左转广州刺史，以其从弟丞相军咨祭酒廙为荆州刺史。荆州将吏郑攀、马隽等诣敦，上书留侃，敦怒，不许。攀等以侃始灭大贼，而更被黜，众情愤惋；又以廙忌戾难事，遂帅其徒三千人屯涢口，西迎杜曾。廙为攀等所袭，奔于江安。杜曾与攀等北迎第五猗以拒廙。廙督诸军讨曾，复为曾所败。敦意攀承侃风旨，被甲持矛将杀侃，出而复还者数四。侃正色曰：「使君雄断，当裁天下，何此不决乎！」因起如厕。咨议参军梅陶、长史陈颁言于敦曰：「周访与侃亲姻，如左右手，安有断人左手而右手不应者乎！」敦意解，乃设盛馔以饯之，侃便夜发，敦引其子瞻为参军。

初，交州刺史顾秘卒，州人以秘子寿领州事。帐下督梁硕起兵攻寿，杀之，硕遂专制交州。王机自以盗据广州，恐王敦讨之，更求交州。会杜弘诣机降，敦欲因机以讨硕。乃以降杜弘为机功，转交州刺史。机至郁林，硕迎前刺史脩则子湛行州事以拒之。机不得进，乃更与杜弘及广州将温邵、交州秀才刘沈谋复还据广州。陶侃至始兴，州人皆言宜观察形势，不可轻进。侃不听，直至广州，诸郡县皆已迎机矣。杜弘遣使伪降，侃知其谋，进击弘，破之，遂执刘沈于小桂。遣督护许高讨王机，走之。机病死于道，高掘其尸，斩之。诸将皆请乘胜击温邵，侃笑曰：「吾威名已著，何事遣兵！但一函纸自定耳。」乃下书谕之。邵惧而走，追获于始兴。杜弘诣王敦降，广州遂平。

侃在广州无事，辄朝运百甓于斋外，暮运于斋内。人问其故，答曰：「吾方致力中原，过尔优逸，恐不堪事，故自劳耳。」

王敦以杜弘为将，宠任之。

九月，汉主聪使大鸿胪赐石勒弓矢，策命勒为陕东伯，得专征伐，拜刺史、将军、守宰，封列侯，岁尽集上。

汉大司马曜寇北地，诏以麹允为大都督、骠骑将军以御之。冬，十月，以索綝为尚书仆射、都督宫城诸军事。曜进拔冯翊，太守梁肃奔万年。曜转寇上郡，麹允去黄白城，军于灵武，以兵弱，不敢进。

帝屡征兵于丞相保，保左右皆曰：「蝮蛇螫手，壮士断腕。今胡寇方盛，且宜断陇道以观其变。」从事中郎裴诜曰：「今蛇已螫头，头可断乎！」保乃以镇军将军胡崧行前锋都督，须诸军集乃发。麹允欲奉帝往就保，索綝曰：「保得天子，必逞其私志。」乃止。于是自长安以西，不复贡奉朝廷，百官饥乏，采稆以自存。

凉州军士张冰得玺，文曰「皇帝行玺」，献于张寔，僚属皆贺。寔曰：「是非人臣

所得留。」遣使归于长安。

四年（丙子，公元三一六年）

春，正月，司徒梁芬议追尊吴王晏，右仆射索綝等引魏明帝诏以为不可；乃赠太保，谥曰孝。

汉中常侍王沈、宣怀、中宫仆射郭猗等，皆宠幸用事。汉主聪游宴后宫，或三日不醒，或百日不出；自去冬不视朝，政事一委相国粲，唯杀生、除拜乃使沈等入白之。沈等多不白，而自以其私意决之，故勋旧或不叙，而奸佞小人有数日至二千石者。军旅岁起，将士无钱帛之赏，而后宫之家，赐及僮仆，动至数千万。沈等车服、第舍逾于诸王，子弟中表为守令者三十馀人，皆贪残为民害。靳准阖宗谄事之。

郭猗与准皆有怨于太弟乂，猗谓相国粲曰：「殿下光文帝之世孙，主上之嫡子，四海莫不属心，奈何欲以天下与太弟乎！且臣闻太弟与大将军谋因三月上巳大宴作乱，事成，许以主上为太上皇，大将军为皇太子，又许卫军为大单于。三王处不疑之地，并握重兵，以此举事，无不成者。然二王贪一时之利，不顾父兄，事成之后，主上岂有全理？殿下兄弟，固不待言；东宫、相国、单于，当在武陵兄弟，何肯与人也！今祸期甚迫，宜早图之。臣屡言于主上，主上笃于友爱，以臣刀锯之馀，终不之信。愿殿下勿泄，密表其状。殿下倘不信臣，可召大将军从事中郎王皮、卫军司马刘惇，假之恩意，许其归首以问之，必可知也。」粲许之。猗密谓皮、惇曰：「二王逆状，主上及相国具知之矣，卿同之乎？」二人惊曰：「无之。」猗曰：「兹事已决，吾怜卿亲旧并见族耳！」因歔欷流涕。二人大惧，叩头求哀。猗曰：「吾为卿计，卿能用之乎？相国问卿，卿但云『有之』；若责卿不先启，卿即云『臣诚负死罪。然仰惟主上宽仁，殿下敦睦，苟言不见信，则陷于诬谮不测之诛，故不敢言也。』」皮、惇许诺。粲召问之，二人至不同时，而其辞若一，粲以为信然。

靳准复说粲曰：「殿下宜自居东宫，以领相国，使天下早有所系。今道路之言，皆云大将军、卫将军欲奉太弟为变，期以季春；若使太弟得天下，殿下无容足之地矣。」粲曰：「为之奈何？」准曰：「人告太弟为变，主上必不信。宜缓东宫之禁，使宾客得往来；太弟雅好待士，必不以此为嫌，轻薄小人不能无迎合太弟之意为之谋者。然后下官为殿下露表其罪，殿下收其宾客与太弟交通者考问之，狱辞既具，则主上无不信之理也。」粲乃命卜抽引兵去东宫。

少府陈休、左卫将军卜崇，为人清直，素恶沈等，虽在公座，未尝与语，沈等深疾之。侍中卜干谓休、崇曰：「王沈等势力足以回天地，卿辈自料亲贤孰与窦武、陈

蕃？」休、崇曰：「吾辈年逾五十，职位已崇，唯欠一死耳！死于忠义，乃为得所；安能俯首佢眉以事阉竖乎！去矣卜公，勿复有言！」

二月，汉主聪出临上秋阁，命收陈休、卜崇及特进綦毋达、太中大夫公师彧、尚书王琰、田歆、大司农朱诰并诛之，皆宦官所恶也。卜干泣谏曰：「陛下方侧席求贤，而一旦戮卿大夫七人，皆国之忠良，无乃不可乎！藉使休等有罪，陛下不下之有司，暴明其状，天下何从知之！诏尚在臣所，未敢宣露，愿陛下熟思之！」因叩头流血。王沈叱干曰：「卜侍中欲拒诏乎！」聪拂衣而入，免干为庶人。

太宰河间王易、大将军勃海王敷、御史大夫陈元达、金紫光禄大夫西河王延等皆诣阙表谏曰：「王沈等矫弄诏旨，欺诬日月，内谄陛下，外佞相国，威权之重，侔于人主，多树奸党，毒流海内。知休等忠臣，为国尽节，恐发其奸状，故巧为诬陷。陛下不察，遽加极刑，痛彻天地，贤愚伤惧。今遗晋未殄，巴、蜀不宾，石勒谋据赵、魏，曹嶷欲王全齐，陛下心腹四支，何处无患！乃复以沈等助乱，诛巫咸，戮扁鹊，臣恐遂成膏肓之疾，后虽救之，不可及已。请免沈等官，付有司治罪。」聪以表示沈等，笑曰：「群儿为元达所引，遂成痴也。」沈等顿首泣曰：「臣等小人，过蒙陛下识拔，得洒扫闺阁；而王公、朝士疾臣等如仇，又深恨陛下。愿以臣等膏鼎镬，则朝廷自然雍穆矣。」聪曰：「此等狂言常然，卿何足恨乎！」聪问沈等于相国粲，粲盛称沈等忠清；聪悦，封沈等为列侯。

太宰易又诣阙上疏极谏，聪大怒，手坏其疏。三月，易忿恚而卒。易素忠直，陈元达倚之为援，得尽谏诤。及卒，元达哭之恸，曰：「『人之云亡，邦国殄悴。』吾既不复能言，安用默默苟生乎！」归而自杀。

初，代王猗卢爱其少子比延，欲以为嗣，使长子六修出居新平城，而黜其母。六修有骏马，日行五百里，猗卢夺之，以与比延。六修来朝，猗卢使拜比延，六修不从。猗卢乃坐比延于其步辇，使人导从出游。六修望见，以为猗卢，伏谒路左；至，乃比延，六修惭怒而去。猗卢召之不至，大怒，帅众讨之，为六修所败。猗卢微服逃民间，有贱妇人识之，遂为六修所弑。拓跋普根先守外境，闻难来赴，攻六修，灭之。

普根代立，国中大乱，新旧猜嫌，迭相诛灭。左将军卫雄、信义将军箕澹，久佐猗卢，为众所附，谋归刘琨，乃言于众曰：「闻旧人忌新人悍战，欲尽杀之，将奈何？」晋人及乌桓皆惊惧，曰：「死生随二将军！」乃与琨质子遵帅晋人及乌桓三万家、马牛羊十万头归于琨。琨大喜，亲诣平城抚纳之，琨兵由是复振。

夏，四月，普根卒。其子始生，普根母惟氏立之。

张寔下令：所部吏民有能举其过者，赏以布帛羊米。贼曹佐高昌隗瑾曰：『今明公为政，事无巨细，皆自决之，或兴师发令，府朝不知；万一违失，谤无所分。群下畏威，受成而已。如此，虽赏之千金，终不敢言也。谓宜少损聪明，凡百政事，皆延访群下，使各尽所怀，然后采而行之，则嘉言自至，何必赏也！』寔悦，从之，增瑾位三等。寔遣将军王该帅步骑五千入援长安，且送诸郡贡计。诏拜寔都督陕西诸军事，以寔弟茂为秦州刺史。

石勒使石虎攻刘演于廪丘，幽州刺史段匹磾使其弟文鸯救之；虎拔廪丘，演奔文鸯军，虎获演弟启以归。

宁州刺史王逊，严猛喜诛杀。五月，平夷太守雷炤、平乐太守董霸帅三千馀家叛，降于成。

六月，丁巳朔，日有食之。

秋，七月，汉大司马曜围北地太守麴昌，大都督麴允将步骑三万救之。曜绕城纵火，烟起蔽天，使反间绐允曰：『郡城已陷，往无及也！』众惧而溃。曜追败允于磻石谷，允奔还灵武，曜遂取北地。

允性仁厚，无威断，喜以爵位悦人。新平太守竺恢、始平太守杨像、扶风太守竺爽、安定太守焦嵩，皆领征、镇，杖节，加侍中、常侍；村坞主帅，小者犹假银青将军之号；然恩不及下，故诸将骄恣而士卒离怨。关中危乱，允告急于焦嵩，嵩素侮允，曰：『须允困，当救之。』

曜进至泾阳，渭北诸城悉溃。曜获建威将军鲁充、散骑常侍梁纬、少府皇甫阳。曜素闻充贤，募生致之，既见，赐之酒曰：『吾得子，天下不足定也！』充曰：『身为晋将，国家丧败，不敢求生。若蒙公恩，速死为幸。』曜曰：『义士也。』赐之剑，令自杀。梁纬妻辛氏，美色，曜召见，将妻之，辛氏大哭曰：『妾夫已死，义不独生，且一妇人而事二夫，明公又安用之！』曜曰：『贞女也。』亦听自杀，皆以礼葬之。

汉主聪立故张后侍婢樊氏为上皇后，三后之外，佩皇后玺绶者复有七人。嬖宠用事，刑赏紊乱。大将军敷数涕泣切谏，聪怒曰：『汝欲乃公速死邪，何以朝夕生来哭人！』敷忧愤，发病卒。

河东平阳大蝗，民流殍者什五六。石勒遣其将石越帅骑二万屯并州，招纳流民，民归之者二十万户。聪遣使让勒，勒不受命，潜与曹嶷相结。

八月，汉大司马曜逼长安。

九月，汉主宴群臣于光极殿，引见太弟乂。乂容貌憔悴，鬓发苍然，涕泣陈谢，聪

亦为之恸哭；乃纵酒极欢，待之如初。

焦嵩、竺恢、宋哲皆引兵救长安，散骑常侍华辑监京兆、冯翊、弘农、上洛四郡兵，屯霸上，皆畏汉兵强，不敢进。相国保遣胡崧将兵入援，击汉大司马曜于灵台，破之。崧恐国威复振则麹、索势盛，乃帅城西诸郡兵屯渭北不进，遂还槐里。

曜攻陷长安外城，麹允、索綝退守小城以自固。内外断绝，城中饥甚，米斗直金二两，人相食，死者太半，亡逃不可制，唯凉州义众千人，守死不移。太仓有麹数十饼，麹允屑之为粥以供帝，既而亦尽。冬，十一月，帝泣谓允曰：「今穷厄如此，外无救援，当忍耻出降，以活士民。」因叹曰：「误我事者，麹、索二公也！」使侍中宗敞送降笺于曜。索綝潜留敞，使其子说曜曰：「今城中食犹足支一年，未易克也，若许綝以车骑、仪同、万户郡公者，请以城降。」曜斩而送之，曰：「帝王之师，以义行也。孤将兵十五年，未尝以诡计败人，必穷兵极势，然后取之。今索綝所言如此，天下之恶一也，辄相为戮之。若兵食审未尽者，便可勉强固守；如其粮竭兵微，亦宜早寤天命。」

甲午，宗敞至曜营；乙未，帝乘羊车，肉袒、衔璧、舆榇出东门降。群臣号泣，攀车执帝手，帝亦悲不自胜。御史中丞冯翊吉朗叹曰：「吾智不能谋，勇不能死，何忍君臣相随，北面事贼虏乎！」乃自杀。曜焚榇受璧，使宗敞奉帝还宫。丁酉，迁帝及公卿

以下于其营；辛丑，送至平阳。壬寅，汉主聪临光极殿，帝稽首于前。麹允伏地恸哭，扶不能起。聪怒，囚之，允自杀。聪以帝为光禄大夫，封怀安侯。以大司马曜为假黄钺、大都督、督陕西诸军事、太宰，封秦王。大赦，改元麟嘉。以麹允忠烈，赠车骑将军，谥节愍侯。以索綝不忠，斩于都市。尚书梁允、侍中梁浚等及诸郡守皆为曜所杀，华辑奔南山。

干宝论曰：「昔高祖宣皇帝，以雄才硕量，应时而起，性深阻有若城府，而能宽绰以容纳；行数术以御物，而知人善采拔。于是百姓与能，大象始构。世宗承基，太祖继业，咸黜异图，用融前烈。至于世祖，遂享皇极，仁以厚下，俭以足用，和而不弛，宽而能断，掩唐、虞之旧域，班正朔于八荒，于时有「天下无穷人」之谚，虽太平未洽，亦足以明民乐其生矣。

武皇既崩，山陵未干而变难继起。宗子无维城之助，师尹无具瞻之贵，朝为伊、周，夕成桀、跖；国政迭移于乱人，禁兵外散于四方，方岳无钧石之镇，关门无结草之固。戎、羯称制，二帝失尊，何哉？树立失权，托付非才，四维不张，而苟且之政多也。

夫基广则难倾，根深则难拔，理节则不乱，胶结则不迁。昔之有天下者所以能

永久，用此道也。周自后稷爱民，十六王而武始君之，其积基树本，若此其固。今晋之兴也，其创基立本，固异于先代矣。加以朝寡纯德之人，乡乏不二之老，风俗淫僻，耻尚失所。学者以庄、老为宗而黜《六经》，谈者以虚荡为辨而贱名检，行身者以放浊为通而狭节信，进仕者以苟得为贵而鄙居正，当官者以望空为高而笑勤恪。是以刘颂屡言治道，傅咸每纠邪正，皆谓之俗吏；其倚杖虚旷，依阿无心者，皆名重海内。若夫文王日昃不暇食，仲山甫夙夜匪懈者，盖共嗤点以为灰尘矣！由是毁誉乱于善恶之实，情慝奔于货欲之涂，选者为人择官，官者为身择利，世族贵戚之子弟，陵迈超越，不拘资次；悠悠风尘，皆奔竞之士；列官千百，无让贤之举。子真著《崇让》而莫之省，子雅制九班而不得用。其妇女不知女工，任情而动，有逆于舅姑，有杀戮妾媵，父兄弗之罪也，天下莫之非也。礼法刑政，于此大坏。【国之将亡，本必先颠，】其此之谓乎！故观阮籍之行而觉礼教崩弛之所由，察庾纯、贾充之争而见师尹之多僻，考平吴之功而知将帅之不让，思郭钦之谋而寤戎狄之有衅，览傅咸之奏、《钱神》之论而睹宠赂之彰。民风国势如此，虽以中庸之才、守文之主治之，犹惧致乱，况我惠帝以放荡之德临之哉！怀帝承乱得位，羁以强臣；愍帝奔播之后，徒守虚名。天下之势既去，非命世之雄材，不能复取之矣！

石勒围乐平太守韩据于坫城，据请救于刘琨。琨新得拓跋猗卢之众，欲因其锐气以讨勒。箕澹、卫雄谏曰：【此虽晋民，久沦异域，未习明公之恩信，恐其难用。不若且内收鲜卑之余谷，外抄胡贼之牛羊，闭关守险，务农息兵，待其服化感义，然后用之，则功无不济矣！】琨不从，悉发其众，命澹帅步骑二万为前驱，琨屯广牧，为之声援。

石勒闻澹至，将逆击之。或曰：【澹士马精强，其锋不可当，且宜引兵避之，深沟高垒以挫其锐，必获万全。】勒曰：【澹兵虽众，远来疲弊，号令不齐，何精强之有！今寇敌垂至，何可舍去！大军一动，岂易中还！若澹乘我之退而逼之，顾逃溃不暇，焉得深沟高垒乎！此自亡之道也。】立斩言者。以孔苌为前锋都督，令三军：【后出者斩！】勒据险要，设疑兵于山上，前设二伏，出轻骑与澹战，阳为不胜而走。澹纵兵追之，入伏中。勒前后夹击澹军，大败之，获铠马万计。澹、雄帅千余骑奔代郡，韩据弃城走，并土震骇。

十二月，乙卯朔，日有食之。

司空长史李弘以并州降石勒。刘琨进退失据，不知所为，段匹磾遣信邀之。己未，琨帅众从飞狐奔蓟。匹䃅见琨，甚相亲重，与之结婚，约为兄弟。勒徙阳曲、乐平民于襄国，置守宰而还。

孔苌攻箕澹于代郡，杀之。

苌等攻贼帅马严、冯䐗，久而不克，司、冀、并、兖流民数万户在辽西，迭相招引，民不安业。勒问计于濮阳侯张宾，宾曰：『严、䐗本非公之深仇，流民皆有恋本之志，今班师振旅，选良牧守使招怀之，则幽、冀之寇可不日而清，辽西流民将相帅而至矣。』勒乃召苌等归，以武遂令李回为易北督护，兼高阳太守。马严士卒素服回威德，多叛严归之，严惧而出走，赴水死。冯䐗帅其众降。回徙居易京，流民归之者相继于道。勒喜，封回为弋阳子，增张宾邑千户，进位前将军；宾固辞不受。

丞相睿闻长安不守，出师露次，躬擐甲胄，移檄四方，刻日北征。以漕运稽期，丙寅，斩督运令史淳于伯。刑者以刀拭柱，血逆流上，至柱末二丈馀而下，观者咸以为冤。丞相司直刘隗上言：『伯罪不至死，请免从事中郎周莚等官。』于是右将军王导等上疏引咎，请解职。睿曰：『政刑失中，皆吾暗塞所致。』一无所问。

隗性刚讦，当时名士多被弹劾，睿率皆容贷，由是众怨皆归之。南中郎将王含，敦之兄也，以族强位显，骄傲自恣，一请参佐及守长至二十许人，多非其才；隗劾奏含，文致甚苦，事虽被寝，而王氏深忌疾之。

丞相睿以邵续为冀州刺史。续女婿广平刘遐聚众河、济之间，睿以遐为平原内史。

托跋普根之子又卒，国人立其从父郁律。

资治通鉴卷第九十

晋纪十二 起强圉赤奋若，尽著雍摄提格，凡二年。

中宗元皇帝上

建武元年（丁丑，公元三一七年）

春，正月，汉兵东略弘农，太守宋哲奔江东。

黄门郎史淑、侍御史王冲自长安奔凉州，称愍帝出降前一日，使淑等赍诏赐张寔，拜寔大都督、凉州牧、侍中、司空，承制行事，且曰：『朕已诏琅邪王时摄大位，君其协赞琅邪，共济多难。』淑等至姑臧，寔大临三日，辞官不受。

初，寔叔父肃为西海太守，闻长安危逼，请为先锋入援。寔以其老，弗许。及闻长安不守，肃悲愤而卒。

寔遣太府司马韩璞、抚戎将军张阆等帅步骑一万东击汉，命讨虏将军陈安、安故太守贾骞、陇西太守吴绍各统郡兵为前驱。又遗相国保书曰：『王室有事，不忘投躯。前遣贾骞瞻公举动，中被符命，敕骞还军。俄闻寇逼长安，胡崧不进，麹允持金五百，请救于崧，遂决遣骞等进军度岭。会闻朝廷倾覆，为忠不遂，愤痛之深，死有馀责。今更遣璞等，唯公命是从。』璞等卒不能进而还，至南安，诸羌断路，相持百馀日，粮竭矢尽。璞杀车中牛以飨士，泣谓之曰：『汝曹念父母乎？』曰：『念。』『念妻子乎？』曰：『念。』『欲生还乎？』曰：『欲。』『从我令乎？』曰：『诺。』乃鼓噪进战。会张阆帅金城兵继至，夹击，大破之，斩首数千级。

先是，长安谣曰：『秦川中，血没腕，唯有凉州倚柱观。』及汉兵覆关中，氐、羌掠陇右，雍、秦之民，死者什八九，独凉州安全。

二月，汉主聪使从弟畅帅步骑三万攻荥阳，太守李矩屯韩王故垒，相去七里，遣使招矩。时畅兵猝至，矩未及为备，乃遣使诈降于畅。畅不复设备，大飨，渠帅皆醉。矩欲夜袭之，士卒皆恇惧，矩乃遣其将郭诵祷于子产祠，使巫扬言曰：『子产有教，当遣神兵相助。』众皆踊跃争进。矩选勇敢千人，使诵将之，掩击畅营，斩首数千级，畅仅以身免。

辛巳，宋哲至建康，称受愍帝诏，令丞相琅邪王睿统摄万机。三月，琅邪王素服出次，举哀三日。于是西阳王羕及官属等共上尊号，王不许。羕等固请不已，王慨然流涕曰：『孤，罪人也。诸贤见逼不已，当归琅邪耳！』呼私奴，命驾将归国。羕等乃请依魏、晋故事，称晋王；许之。辛卯，即晋王位，大赦，改元；始备百官，立宗庙，建社稷。

有司请立太子，王爱次子宣城公裒，欲立之，谓王导曰：『立子当以德。』导曰：『世子、宣城，俱有朗隽之美，而世子年长。』王从之。丙辰，立世子绍为王太子；封裒为琅邪王，奉恭王后；仍以裒都督青、徐、兖三州诸军事，镇广陵。以西阳王羕为太保，封谯刚王逊之子承为谯王。逊，宣帝之弟子也。又以征南大将军王敦为大将军、江州牧，扬州刺史王导为骠骑将军、都督中外诸军事、领中书监、录尚书事，丞相左长史刁协为尚书左仆射，右长史周顗为吏部尚书，军谘祭酒贺循为中书令，右司马戴渊、王邃为尚书，司直刘隗为御史中丞，行参军刘超为中书舍人，参军事孔愉长兼中书郎；自馀参军悉拜奉车都尉，掾属拜驸马都尉，行参军舍人拜骑都尉。王敦辞州牧，王导以敦统六州，辞中外都督，贺循以老病辞中书令，王皆许之，以循为太常。是时，承丧乱之后，江东草创，刁协久宦中朝，谙练旧事，贺循为世儒宗，明习礼学，凡有疑议，皆取决焉。

刘琨、段匹磾相与歃血同盟，期以翼戴晋室。辛丑，琨檄告华、夷，遣兼左长史、右司马温峤，匹磾遣左长史荣卲，奉表及盟文诣建康劝进。峤，羡之弟子也。峤之从母为琨妻，琨谓峤曰：『晋祚虽衰，天命未改，吾当立功河朔，使卿延誉江南。行矣，勉之！』

王以鲜卑大都督慕容廆为都督辽左杂夷流民诸军事、龙骧将军、大单于、昌黎公，廆不受；征虏将军鲁昌说廆曰：『今两京覆没，天子蒙尘，琅邪王承制江东，为四海所系属。明公虽雄据一方，而诸部犹阻兵未服者，盖以官非王命故也。谓宜通使琅邪，劝承大统，然后奉诏令以伐有罪，谁敢不从！』处士辽东高诩曰：『霸王之资，非义不济。今晋室虽微，人心犹附之，宜遣使江东，示有所尊，然后仗大义以征诸部，不患无辞矣。』廆从之，遣长史王济浮海诣建康劝进。

汉相国粲使其党王平谓太弟乂曰：『适奉中诏，云京师将有变，宜衷甲以备非常。』乂信之，命宫臣皆衷甲以居。粲驰遣告靳准、王沈。准以白汉主聪曰：『太弟将为乱，已衷甲矣！』聪大惊曰：『宁有是邪！』王沈等皆曰：『臣等闻之久矣，屡言之，而陛下不之信也。』聪使粲以兵围东宫。粲使准、沈收氐、羌酋长十馀人，穷问之，皆悬首高格，烧铁灼目，酋长自诬与乂谋反。聪谓沈等曰：『吾今而后知卿等之忠也！当念知无不言，勿恨往日言而不用也！』于是诛东宫官属及乂素所亲厚，准、沈等素所憎怨者大臣数十人，坑士卒万五千馀人。夏，四月，废乂为北部王，粲寻使准贼杀之。乂形神秀爽，宽仁有器度，故士心多附之。聪闻其死，哭之恸，曰：『吾兄弟止馀二人而不相容，安得使天下知吾心邪！』氐、羌叛者甚众，以靳准行车骑大将军，讨平之。

資治通鑑 卷第九

五月，壬午，日有食之。

六月，丙寅，温峤等至建康，王导、周顗、庾亮等皆爱峤才，争与之交。是时，太尉、豫州牧荀组、冀州刺史邵续、青州刺史曹嶷、宁州刺史王逊、东夷校尉崔毖等皆上表劝进，王不许。

初，流民张平、樊雅各聚众数千人在谯，为坞主。王之为丞相也，遣行参军谯国桓宣往说平、雅，平、雅皆请降。及豫州刺史祖逖出屯芦洲，遣参军殷乂诣平、雅。乂意轻平，视其屋，曰：「可作马厩。」见大镬，曰：「可铸铁器。」平曰：「此乃帝王镬，天下清平方用之，奈何毁之！」乂曰：「卿未能保其头，而爱镬邪！」平大怒，于坐斩乂，勒兵固守。逖攻之，岁馀不下，乃诱其部将谢浮，使杀之；逖进据太丘。樊雅犹据谯城，与逖相拒。逖攻之不克，请兵于南中郎将王含。桓宣时为含参军，含遣宣将兵五百助逖。逖谓宣曰：「卿信义已著于彼，今复为我说雅。」宣乃单马从两人诣雅曰：「祖豫州方欲平荡刘、石，倚卿为援；前殷乂轻薄，非豫州意也。」雅即诣逖降。逖既入谯城，石勒遣石虎围谯，王含复遣桓宣救之，虎解去。逖表宣为谯国内史。

己巳，晋王传檄天下，称：「石虎敢帅犬羊，渡河纵毒，今遣琅邪王裒等九军，锐卒三万，水陆四道，径造贼场，受祖逖节度。」寻复召裒还建康。

秋，七月，大旱；司、冀、并、青、雍州大蝗；河、汾溢，漂千馀家。

汉主聪立晋王粲为皇太子，领相国、大单于，总摄朝政如故。大赦。

段匹磾推刘琨为大都督，檄其兄辽西公疾陆眷及叔父涉复辰、弟末柸等会于固安，共讨石勒。末柸说疾陆眷、涉复辰曰：「以父兄而从子弟，耻也；且幸而有功，匹磾独收之，吾属何有哉！」各引兵还。琨、匹磾不能独留，亦还蓟。

以荀组为司徒。

八月，汉赵固袭卫将军华荟于临颍，杀之。

初，赵固与长史周振有隙，振密谮固于汉主聪。李矩之破刘畅也，于帐中得聪诏，令畅既克矩，还过洛阳，收固斩之，以振代固。矩送以示固，固斩振父子，帅骑一千来降；矩复令固守洛阳。

郑攀等相与拒王廙，众心不壹，散还横桑口，欲入杜曾。王敦遣武昌太守赵诱、襄阳太守朱轨击之，攀等惧，请降。杜曾亦请击第五猗于襄阳以自赎。

廙将赴荆州，留长史刘浚镇扬口垒。竟陵内史朱伺谓廙曰：「曾，猾贼也，外示屈服，欲诱官军使西，然后兼道袭扬口耳。宜大部分，未可便西。」廙性矜厉自用，以伺为老怯，遂西行。曾等果还趋扬口；廙乃遣伺归，裁至垒，即为曾所围。刘浚自守北

门，使伺守南门。马隽从曾来攻垒，隽妻子先在垒中，或欲皮其面以示之。伺曰：『杀其妻子，未能解围，但益其怒耳。』乃止。曾攻陷北门，伺被伤，退入船，开船底以出，沉行五十步，乃得免。曾遣人说伺曰：『马隽德卿全其妻子，今尽以卿家内外百口付隽，隽已尽心收视，卿可来也。』伺报曰：『吾年六十馀，不能复与卿作贼，吾死亦当南归，妻子付汝裁之。』乃就王廙于甑山，病创而卒。

戊寅，赵诱、朱轨及陵江将军黄峻与曾战于女观湖，诱等皆败死。曾乘胜径造沔口，威震江、沔。王使豫章太守周访击之。访有众八千，进至沌阳。曾锐气甚盛，访使将军李恒督左甄，许朝督右甄，访自领中军。曾先攻左、右甄，访于阵后射雉以安众心，令其众曰：『一甄败，鸣三鼓；两甄败，鸣六鼓。』赵诱子胤，将父馀兵属左甄，力战，败而复合，驰马告访。访怒，叱令更进，胤号哭还战。自旦至申，两甄皆败。访选精锐八百人，自行酒饮之，敕不得妄动，闻鼓音乃进。曾兵未至三十步，访亲鸣鼓，将士皆腾跃奔赴，曾遂大溃，杀千馀人。访夜追之，诸将请待明日，访曰：『曾骁勇能战，向者彼劳我逸，故克之；宜及其衰乘之，可灭也。』乃鼓行而进，遂定汉、沔。曾走保武当。王廙始得至荆州。访以功迁梁州刺史，屯襄阳。

冬，十月，丁未，琅邪王裒薨。

十一月，己酉朔，日有食之。

丁卯，以刘琨为侍中、太尉。

征南军司戴邈上疏，以为：『丧乱以来，庠序隳废；议者或谓平世尚文，遭乱尚武，此言似之，而实不然。夫儒道深奥，不可仓猝而成。比天下平泰，然后修之，则废坠已久矣。又，贵游之子，未必有斩将搴旗之才，从军征戍之役，不及盛年使之讲肄道义，良可惜也。世道久丧，礼俗日弊，犹火之消膏，莫之觉也。今王业肇建，万物权舆，谓宜笃道崇儒，以励风化。』王从之，始立太学。

汉主聪出畋，以愍帝行车骑将军，戎服执戟前导。见者指之曰：『此故长安天子也。』聚而观之，故老有泣者。太子粲言于聪曰：『昔周武王岂乐杀纣乎？正恐同恶相求，为患故也。今兴兵聚众者，皆以子业为名，不如早除之！』聪曰：『吾前杀庾珉辈，而民心犹如是。吾未忍复杀也，且小观之。』十二月，聪飨群臣于光极殿，使愍帝行酒洗爵，已而更衣，又使之执盖；晋臣多涕泣，有失声者。尚书郎陇西辛宾起，抱帝大哭，聪命引出，斩之。

赵固与河内太守郭默侵汉河东，至绛，右司隶部民奔之者三万馀人。骑兵将军刘勋追击之，杀万馀人，固、默引归。太子粲帅将军刘雅生等步骑十万屯小平津，固扬言

归戴，岂独近者情重，远者情轻！不若依汉法遍赐天下爵，于恩为普，且可以息检核之烦，塞巧伪之端也。」帝不从。

庚午，立王太子绍为皇太子。太子仁孝，喜文辞，善武艺，好贤礼士，容受规谏，与庾亮、温峤等为布衣之交。亮风格峻整，善谈老、庄，帝器重之，聘亮妹为太子妃。帝以贺循行太子太傅，周顗为少傅，庾亮以中书郎侍讲东宫。帝好刑名家，以《韩非》书赐太子。庾亮谏曰：「申、韩刻薄伤化，不足留圣心。」太子纳之。

帝复遣使授慕容廆龙骧将军、大单于、昌黎公，廆辞公爵不受。廆以游邃为龙骧长史，刘翔为主簿，命邃创定府朝仪法。裴嶷言于廆曰：「晋室衰微，介居江表，威德不能及远，中原之乱，非明公不能拯也。今诸部虽各拥兵，然皆顽愚相聚，宜以渐并取，以为西讨之资。」廆曰：「君言大，非孤所及也。然君中朝名德，不以孤僻陋而教诲之，是天以君赐孤而祐其国也。」乃以嶷为长史，委以军国之谋；诸部弱小者，稍稍击取之。

李矩使郭默、郭诵救赵固，屯于洛汭。诵潜遣其将耿稚等夜济河袭汉营，汉具丘王翼光觇知之，以告太子粲，请为之备。粲曰：「彼闻赵固之败，自保不暇，安敢来此邪！毋为惊动将士！」俄而稚等奄至，十道进攻，粲众惊溃，死伤太半，粲走保阳乡。稚等据其营，获器械、军资不可胜数。及旦，粲见稚等兵少，更与刘雅生收馀众攻之，汉主聪使太尉范隆帅骑助之，与稚等相持，苦战二十馀日，不能下。李矩进兵救之，汉兵临河拒守，矩兵不得济。稚等杀其所获牛马，焚其军资，突围，奔虎牢。诏以矩都督河南三郡诸军事。

汉螽斯则百堂灾，烧杀汉主聪之子会稽王康等二十一人。

聪以其子济南王骥为大将军、都督中外诸军事、录尚书，齐王劢为大司徒。

焦嵩、陈安举兵逼上邽，相国保遣使告急于张寔，寔遣金城太守窦涛督步骑二万赴之。军至新阳，闻愍帝崩，保谋称尊号。破羌都尉张诜言于寔曰：「南阳王，国之疏属，忘其大耻而亟欲自尊，必不能成功。晋王近亲，且有名德，当帅天下以奉之。」寔从之，遣牙门蔡忠奉表诣建康；比至，帝已即位。寔不用江东年号，犹称建兴。

夏，四月，丁丑朔，日有食之。

加王敦江州牧，王导骠骑大将军、开府仪同三司。导遣八部从事行扬州郡国，还，同时俱见。诸从事各言二千石官长得失，独顾和无言。导问之，和曰：「明公作辅，宁使网漏吞舟，何缘采听风闻，以察察为政邪！」导咨嗟称善。和，荣之族子也。

成丞相范长生卒；成主雄以长生子侍中贲为丞相。长生博学，多艺能，年近百岁，蜀人奉之如神。

汉中常侍王沈养女有美色，汉主聪立以为左皇后。尚书令王鉴、中书监崔懿之、中书令曹恂谏曰：「臣闻王者立后，比德乾坤，生承宗庙，没配后土。必择世德名宗，幽闲令淑，乃副四海之望，称神祇之心。孝成帝以赵飞燕为后，使继嗣绝灭，社稷为墟，此前鉴也。自麟嘉以来，中宫之位，不以德举。借使沈之弟女，刑馀小丑，犹不可以尘污椒房，况其家婢邪！六宫妃嫔，皆公子公孙，奈何一旦以婢主之！臣恐非国家之福也。」聪大怒，使中常侍宣怀谓太子粲曰：「鉴等小子，狂言侮慢，无复君臣上下之礼，其速考实！」于是收鉴等送市，皆斩之。金紫光禄大夫王延驰将入谏，门者弗通。鉴等临刑，王沈以杖叩之曰：「庸奴，复能为恶乎！乃公何与汝事！」鉴瞋目叱之曰：「竖子，灭大汉者，正坐汝鼠辈与靳准耳！要当诉汝于先帝，取汝于地下治之。」准谓鉴曰：「吾受诏收君，有何不善，君言汉灭由吾也！」鉴曰：「汝杀皇太弟，使主上获不友之名。国家畜养汝辈，何得不灭！」懿之谓准曰：「汝心如枭獍，必为国患，汝既食人，人亦当食汝。」聪又立宣怀养女为中皇后。

司徒荀组在许昌，逼于石勒，帅其属数百人渡江。诏组与太保西阳王羕并录尚书事。

段匹磾之奔疾陆眷丧也，刘琨使其世子群送之。匹磾败，群为段末柸所得。末柸厚礼之，许以琨为幽州刺史，欲与之袭匹磾，密遣使赍群书，请琨为内应，为匹磾逻骑所得。时琨别屯征北小城，不知也，来见匹磾。匹磾以群书示琨曰：「意亦不疑公，是以白公耳。」琨曰：「与公同盟，庶雪国家之耻，若儿书密达，亦终不以一子之故负公而忘义也。」匹磾雅重琨，初无害琨意，将听还屯。其弟叔军谓匹磾曰：「我，胡夷耳；所以能服晋人者，畏吾众也。今我骨肉乖离，是其良图之日；若有奉琨以起，吾族尽矣。」匹磾攻拔之。代郡太守辟闾嵩、后将军韩据复潜谋袭匹磾，事泄，匹磾执嵩、据及其徒党，悉诛之。五月，癸丑，匹磾称诏收琨，缢杀之，并杀其子侄四人。琨从事中郎卢谌、崔悦等帅琨馀众奔辽西，依段末柸，奉刘群为主；将佐多奔石勒。悦，林之曾孙也。朝廷以匹磾尚强，冀其能平河朔，乃不为琨举哀。温峤表：「琨尽忠帝室，家破身亡，宜在褒恤。」卢谌、崔悦因末柸使者，亦上表为琨讼冤。后数岁，乃赠琨太尉、侍中，谥曰愍。于是夷、晋以琨死故，皆不附匹磾。末柸遣其弟攻匹磾，匹磾帅其众数千将奔邵续，勒将石越邀之于盐山，大败之，匹磾复还保蓟。末柸自称幽州刺史。

初，温峤为刘琨奉表诣建康，其母崔氏固止之，峤绝裾而去。既至，屡求返命，朝廷不许，会琨死，除散骑侍郎。峤闻母亡，阻乱不得奔丧、临葬，固让不拜，苦请北归。诏曰：「凡行礼者，当使理可经通。今桀逆未枭，诸军奉迎梓宫犹未得进，峤以一

身，于何济其私难而不从王命邪！』峤不得已受拜。

初，曹嶷既据青州，乃叛汉来降。又以建康悬远，势援不接，复与石勒相结，勒授嶷东州大将军、青州牧，封琅邪公。

六月，甲申，以刁协为尚书令，荀崧为左仆射。协性刚悍，与物多忤，与侍中刘隗俱为帝所宠任；欲矫时弊，每崇上抑下，排沮豪强，故为王氏所疾，诸刻碎之政，皆云隗、协所建。协又使酒放肆，侵毁公卿，见者皆侧目惮之。

戊戌，封皇子晞为武陵王。

刘虎自朔方侵拓跋郁律西部。秋，七月，郁律击虎，大破之。虎走出塞，从弟路孤帅其部落降于郁律。于是郁律西取乌孙故地，东兼勿吉以西，士马精强，雄于北方。

汉主聪寝疾，征大司马曜为丞相，石勒为大将军，皆录尚书事，受遗诏辅政。曜、勒固辞。乃以曜为丞相、领雍州牧，勒为大将军、领幽、冀二州牧，勒辞不受。以上洛王景为太宰，济南王骥为大司马，昌国公顗为太师，朱纪为太傅，呼延晏为太保，并录尚书事；范隆守尚书令、仪同三司，靳准为大司空、领司隶校尉，皆迭决尚书奏事。癸亥，聪卒。甲子，太子粲即位。尊皇后靳氏为皇太后，樊氏号弘道皇后，武氏号弘德皇后，王氏号弘孝皇后；立其妻靳氏为皇后，子元公为太子。大赦，改元汉昌。葬聪于宣光陵，谥曰昭武皇帝，庙号烈宗。靳太后等皆年未盈二十，粲多行无礼，无复哀戚。

靳准阴有异志，私谓粲曰：『如闻诸公欲行伊、霍之事，先诛太保及臣，以大司马统万机，陛下宜早图之！』粲不从。准惧，复使二靳氏言之，粲乃从之。收其太宰景、大司马骥、骥母弟车骑大将军吴王逞、太师顗、大司徒齐王劢，皆杀之。朱纪、范隆奔长安。八月，粲治兵于上林，谋讨石勒。以丞相曜为相国、都督中外诸军事，仍镇长安；靳准为大将军、录尚书事。粲常游宴后宫，军国之事，一决于准。准矫诏以从弟明为车骑将军，康为卫将军。

准将作乱，谋于王延。延弗从，驰，将告之；遇靳康，劫延以归。准遂勒兵升光极殿，使甲士执粲，数而杀之，谥曰隐帝。刘氏男女，无少长皆斩东市。发永光、宣光二陵，斩聪尸，焚其宗庙。准自号大将军、汉天王，称制，置百官，谓安定胡嵩曰：『自古无胡人为天子者，今以传国玺付汝，还如晋家。』嵩不敢受；准怒，杀之。遣使告司州刺史李矩曰：『刘渊，屠各小丑，因晋之乱，矫称天命，使二帝幽没。辄帅众扶侍梓宫，请以上闻。』矩驰表于帝，帝遣太常韩胤等奉迎梓宫。汉尚书北宫纯等招集晋人，堡于东宫，靳康攻灭之。准欲以王延为左光禄大夫，延骂曰：『屠各逆奴，何不速杀我！以吾左目置西阳门，观相国之入也；右目置建春门，观大将军之入也！』准杀之。

相国曜闻乱，自长安赴之。石勒帅精锐五万以讨准，据襄陵北原。准数挑战，勒坚壁以挫之。冬，十月，曜至赤壁。太保呼延晏等自平阳归之，与太傅朱纪等共上尊号。曜即皇帝位，大赦，惟靳准一门不在赦例。改元光初。以朱纪领司徒，呼延晏领司空，太尉范隆以下悉复本位。以石勒为大司马、大将军，加九锡，增封十郡，进爵为赵公。勒进攻准于平阳，巴及羌、羯降者十馀万落，勒皆徙之于所部郡县。汉主曜使征北将军刘雅、镇北将军刘策屯汾阴，与勒共讨准。

十一月，乙卯，日夜出，高三丈。

诏以王敦为荆州牧，加陶侃都督交州诸军事。敦固辞州牧，乃听为刺史。

庚申，诏群公卿士各陈得失。御史中丞熊远上疏，以为：「胡贼猾夏，梓宫未返，而不能遣军进讨，一失也；群官不以仇贼未报为耻，务在调戏、酒食而已，二失也；选官用人，不料实德，惟在白望，不求才干，惟事请托，当官者以治事为俗吏，奉法为苛刻，尽礼为谄谀，从容为高妙，放荡为达士，骄蹇为简雅，三失也；世之所恶者，陆沈泥滓；时之所善者，翱翔云霄。是以万机未整，风俗伪薄。朝廷群司，以从顺为善，相违见贬，安得朝有辨争之臣，士无禄仕之志乎！古之取士，敷奏以言；今光禄不试，甚违古义。又举贤不出世族，用法不及权贵，是以才不济务，奸无所惩。若此道不改，求以救乱，难矣！」

先是，帝以离乱之际，欲慰悦人心，州郡秀、孝至者，不试，普皆署吏。尚书陈頵亦上言：「宜渐循旧制，试以经策。」帝从之，仍诏：「不中科者，刺史、太守免官。」于是秀、孝皆不敢行，其有到者，亦皆托疾，比三年无就试者。帝欲特除孝廉已到者官，尚书郎孔坦奏议，以为：「近郡惧累君父，皆不敢行；远郡冀于不试，冒昧来赴。今若偏加除署，是为谨身奉法者失分，侥幸投射者得官，颓风伤教，恐从此始。不若一切罢归，而为之延期，使得就学，则法均而令信矣。」帝从之，听孝廉申至七年乃试。坦，愉之从子也。

靳准使侍中卜泰送乘舆、服御，请和于石勒，勒囚泰，送于汉主曜。曜谓泰曰：「先帝末年，实乱大伦。司空行伊、霍之权，使朕及此，其功大矣。若早迎大驾者，当悉以政事相委，况免死乎！卿为朕入城，具宣此意。」泰还平阳，准自以杀曜母兄，沈吟未从。十二月，左、右车骑将军乔泰、王腾、卫将军靳康等相与杀准，推尚书令靳明为主，遣卜泰奉传国六玺降汉。石勒大怒，进军攻明；明出战，大败，乃婴城固守。

丁丑，封皇子焕为琅邪王。焕，郑夫人之子，生二年矣，帝爱之，以其疾笃，故王之。己卯，薨。帝以成人之礼葬之，备吉凶仪服，营起园陵，功费甚广。琅邪国右常侍会稽孙霄上疏谏曰：“古者凶荒杀礼，况今海内丧乱，宪章旧制，犹宜节省。而礼典所无，顾崇饰如是乎！竭已罢之民，营无益之事，殚已困之财，修无用之费，此臣之所不安也。”帝不从。

彭城内史周抚杀沛国内史周默，以其众降石勒。诏下邳内史刘遐领彭城内史，与徐州刺史蔡豹、泰山太守徐龛共讨之。豹，质之玄孙也。

石虎帅幽、冀之兵会石勒攻平阳。靳明屡败，遣使求救于汉。汉主曜使刘雅、刘策迎之。明帅平阳士女万五千人奔汉。曜西屯粟邑，收靳氏男女，无少长皆斩之。曜迎其母胡氏之丧于平阳，葬于粟邑，号曰阳陵，谥曰宣明皇太后。石勒焚平阳宫室，使裴宪、石会修永光、宣光二陵，收汉主粲已下百余口葬之，置戍而归。

成汉梁州刺史李凤数有功，成主雄兄子稚在晋寿，疾之。凤以巴西叛，雄自至涪，使太傅骧讨凤，斩之；以李寿为前将军，督巴西军事。

资治通鉴卷第九十